本丛书得到何东先生独资赞助

This series of books is financially supported exclusively
by Mr． Eric Hotung.

20世纪中国文物考古发现与研究丛书

汉魏洛阳故城

段鹏琦　／著

文物出版社

一　汉魏洛阳城东北城壁遗迹

二　北魏永宁寺遗址出土供养人头像
三　北魏永宁寺遗址出土供养人头像

四　北魏永宁寺遗
　　址出土莲花纹
　　瓦当

五　北魏永宁寺遗
　　址出土忍冬纹
　　瓦当

六　白马寺镇西出土
仿玻璃黑釉陶盏

七　白马寺镇西出土青
瓷盏

20 世纪中国文物考古发现与研究丛书

序 / 张文彬

俗称"锄头考古学"的田野考古学的诞生以及中国考古学学科体系的基本完善，由此而引起的古物鉴玩观赏著录向科学的文物学的转变，是 20 世纪中国学术与文化界的大事。它从材料与方法两个方面彻底刷新了持续了数千年之久的中国古代史学传统，不但为中国学术界和文化界开拓出更加广阔的研究天地，也为一切关心中华民族悠久历史和灿烂文明的人们不断地提供了可贵的精神滋养和力量源泉。

仰古、述古、探古，进而考古，向来为我国传统文化中一个明显的学术特点。先秦时期诸子百家发其端，汉代司马迁撰写《史记》，北魏郦道元作注《水经》。他们对相关的遗迹遗物，尽可能地做到亲自考察和调查，既能辨史又可补史。这种寻根追源的治学态度，为后世学术上的探古、考古树立了榜样。此后，山河间的访古和书斋式的究古相继开展，特别是对古器物的研究，成了唐、宋时期的文化时尚。不少学者热衷于青铜铭文、碑刻、陶文、印章等古文字的考释，进而有了对器物的辨伪鉴定、时代判断、分类命名等，逐渐兴起了一门新的学问——金石学，涌现出许多著名的古器物鉴赏家和收藏家。只是囿于当时的历史条件，金石学家们无法了解所见文物的出土地点和情况，也难以涉及史前时代漫长的演进历程，因而长期以来始终脱离不了考证文字和证经补史的窠臼。即使如此，他们的艰辛努力和取得的成绩，还是为推动我国传统文化的发展起到了积极作用，并且在事实上也为中国考古学和中国文物学的起步铺设了最早的一段道路。

20世纪初，近代考古学由西方传入。中国学者继承金石学的研究成果，学习并运用西方考古学方法，开始从事田野考古，通过历史物质文化遗存，探寻和认识古代社会，揭示人类社会发展规律。早在1926年，中国学者就自行主持山西南部汾河流域的调查和夏县西阴村史前遗址的发掘。随后，我国学者同美国研究机构合作，有计划地发掘周口店遗址，发现了北京猿人。从1928年起至1937年，连续十五次发掘安阳殷墟遗址，取得了较大收获，引起了国内外学术界的重视。自20世纪50年代以后，随着国家大规模经济建设的进行，田野考古勘探、调查和科学发掘工作在全国范围内蓬勃有序地开展，许多重要的典型遗址和墓地被揭露出来，重大发现举世瞩目。它们脉络清晰，层位分明，文化相连，不仅弥补了某些地域上的空白，而且衔接了年代上的缺环，为研究中国古代史、文化史、科学史以及其他学科领域，提供了珍贵、丰富的实物资料，极大地影响着人文社会科学诸多学科专业的研究与发展。这段时间被学术界称为中国考古学的黄金时代。在马列主义理论指导下，具有中国特色的考古学理论体系和方法论逐渐形成。有关研究成果不仅极大地改变和丰富了人们对中国文明起源、中国古史发展等重大问题的认识，同时也扩展了中国文物的研究领域和研究方式。可以说，考古学的发展与进步，直接影响到文物学的形成与发展，而且影响到全社会对文化遗产重要作用的认识以及世界学术界对中国古代文明的重新认识。

从 20 世纪 80 年代开始，文物界就中国文物学的创立，逐渐取得共识，在共同探讨的基础上，初步形成了学科体系。不少学者发表了有关论文，出版了专著，就文物的历史价值、科学价值、艺术价值以及在社会主义的物质文明与精神文明建设中如何对文物进行有效保护、合理利用发表意见。这些研究成果已获得学术界的赞同。

在这世纪之交和千年更替之际，对中国考古学和中国文物事业作一次世纪性的回顾和反思，给予科学的总结，是许多学者正在思考和研究的问题。如果能通过梳理 20 世纪以来重大发现和研究成果，透视学科自身成长的历程，从而展望未来发展的方向，以激励后来者继续攀登科学高峰，无疑是一件很有意义的事。为此，经过酝酿、商讨和广泛征求意见，我们约请一批学者（其中有相当多的中青年学者）就自己的专长选择一个专题，独立成篇，由文物出版社编辑出版一套《20 世纪中国文物考古发现与研究丛书》，并以此作为向新世纪的献礼。

从某种意义上说，《20 世纪中国文物考古发现与研究丛书》是一套学科发展史和学术研究史丛书。其内容包括对 20 世纪考古与文物工作概况的综合阐述；对一些重要的考古学文化和古代区域文化研究情况的叙述；对文物考古的专题研究；对重要的文物考古发现、发掘及研究的个例纪实。

此套丛书的内容面广，而且彼此关联。考虑到各选题在某些内容上难免会有重叠或复述，因此在编撰之初，我们要求各选题之间互有侧重，彼此补充，以期为读者了解 20 世纪中国考古学和文物学的发展提供更多的视角。

我国的文物与考古工作，虽在 20 世纪得到了迅速发展，但仍有许多重大学术问题需要进一步探索。我们主持编辑这套丛书，除了强调材料真实，考释有据，写作态度严谨求实外，也不回避以往在工作或研究上曾经产生的纰漏差错和不足之处，以便为今后的工作和研究提供借鉴。虽然我们尽了很大努力，但限于水平，各篇仍很难整齐划一。由于组稿和作者方面的困难和变化，一些计划之中的题目也未能成书。这些不周之处，敬请专家、学者和广大读者批评指正。

在丛书编印过程中，我们得到了文物、考古界的广泛支持。何东先生在出版经费上给予了热情帮助。在此，一并深表感谢。

2000 年 6 月于北京

目　　录

插 图 目 录

前言

　　洛阳素称九朝古都，但今洛阳市区一带，仅为隋唐及其以后诸代洛阳城所在地，而汉、魏、晋和北魏时期的洛阳城址，在今市区以东15公里处，地处洛阳市郊区与孟津、偃师二县（市）的结合部。这座历史名城始建于西周，极盛于汉魏，因其曾为东汉、曹魏、西晋、北魏四代的都城而成为享誉中外的古都。其城垣遗基至今仍矗立于地面，若断若续，或高或低。又因隋末李密曾盘据此城，故而当地人世代相沿称其为李密城。

　　很久以来，人们对这一名城遗址似乎已经十分陌生，故而清洛阳县令龚崧林重修《洛阳县志》时，竟将城内著名的北魏永宁寺塔基指为汉质帝陵墓。直至20世纪二三十年代，由于城址范围内东周王陵和一批汉魏遗物的相继发现，汉魏洛阳故城才重新引起国内外人士的关注，并由此引发了一场带有某些学术意义的讨论。

　　东周王陵坐落于汉至晋代洛阳城内东北隅，西临孟津县金村。1928年夏秋之际，因大雨过常，墓穴塌陷，乡民从中掘得不少珍贵随葬品。消息传出，以传教士身份来华的加拿大人怀履光闻风而至，重金收买出土品，并诱使乡民滥挖，五六年间，即有八座大墓被盗掘，掘得随葬品有数千件之巨。这些文物多为怀履光等购去，后辗转流散到英、美、法、日、瑞典等地。由日本人梅原末治广泛搜罗资料编成的《洛阳金村古墓聚英》一书，辑录精美器物二百三十八件，这只是其中很少的一部分。怀履光也曾就其所见所闻，写成《洛阳故城古墓考》，文中附有一张所谓古城实测图，认为这批墓为韩墓。国内学人也有持韩墓或晋墓说者。1946 年，唐兰发表《洛阳金村古墓为东周墓非韩墓考》等文，始力排众议，明确了金村古墓的年代。

当时，城内发现的汉魏文物，主要是汉魏石经残石和西晋辟雍碑。

汉魏石经残石的大量出土，肇始于 1922 年冬乡民采瓜蒌根偶获半截魏三体经碑等二石，以及日后古董商高价收购石经残字诱发的"刨字风"。在旷日持久的"刨字风"中，石经残石出土甚多，并且很快流散出去。太学石经的发现，当即引起一批国内学人的重视。他们主要致力于石经残石及其拓片的征集、整理与研究。更有一些学者，如马衡、徐森玉，还曾亲赴洛阳考察。第一次是在 1923 年夏，至洛"始知所出二石之外，尚有碎石甚夥。辨其残字，不尽三体，亦有汉石经焉"。第二次是在 1924 年冬天。这次他们到了石经出土地点，"见所谓太学遗址者，已沦为丘墟，仅有碑跌十余，呈露于瓦砾丛中而已"，认定"故太学遗址在今洛水南岸碑楼庄、朱家圪垱、大桥（郊）三村之间"。随之又有依据新出土石经残字的各种著录相继问世，择其要者，有孙海波《魏三字石经集录》，马衡序《集拓新出土汉魏石经残字》一、二编，吴宝炜序《集拓新出土汉魏石经残字》三、四编，张国淦《汉石经碑图》和马衡遗著《汉石经集存》等。《汉石经集存》系 1949 年以后出版，是总汉石经出土和研究之大成的重要著作。

西晋辟雍碑，全名"大晋龙兴皇帝三临辟雍皇太子又再苊之盛德隆熙之颂"。1931年春，碑被东大郊村黄姓挖墓埋人发现。其时关于辟雍碑的研究文章，最受世人重视者，当数同年顾廷龙在《燕京学报》第10期上发表的《"大晋龙兴皇帝三临辟雍皇太子又再苊之盛德隆熙之颂"跋》一文。

此外，在此期间，劳干还以怀履光的实测图为依托，研究北魏洛阳城的里坊。他在《中央研究院历史语言研究所集刊》（第二十本）上发表《北魏洛阳城图的复原》一文，将汉至晋代洛阳城区划分为二百二十五个长方格，以充北魏洛阳的里坊布局图。

总之，在1949年以前，汉魏洛阳故城遗址一直处于无人管理，任人劫掠的状态。关注此城的学者针对出土遗物开展的研究，仍属金石学的范畴。关于石经和辟雍碑的论著确有不少真知灼见，而对北魏洛阳城里坊的复原，则因缺乏可靠的依据而毫无价值。马衡、徐森玉能亲临实地考察，已属难能可贵，然为条件局限，其所指太学遗址的方位，却明显失误。

新中国的建立，为文物考古事业开辟了无限美好的前景，都城考古也由此跨入了一个新时代。

1953年，为配合洛阳市第一个基本建设高潮，著名考古学家裴文中、夏鼐率团来洛进行相关古遗址、墓葬的考古调查和发掘。次年4月，发掘团成员阎文儒前往汉魏洛阳故城遗址考察，并在考察的基础上绘制出中国人自己的第一张汉至晋代洛阳城址平面图，揭开了对该城址实施全面考古勘察和研究的序幕。

1961年，汉魏洛阳故城遗址被国务院公布为第一批全国重点文物保护单位。次年，中国科学院考古研究所即组建汉魏洛阳故城工作队（1982年以前称洛阳发掘队），专门从事该城址的调查、发掘工作。这一举措，使这座名城遗址的勘察和研究，一开始便步入了科学、系统的正确轨道。回顾近五十年来勘察工作的具体进程，大体可以划分为三个阶段。

第一阶段为1962年至1965年。主要工作是继承前人关于城址范围的认识，对城区及其周边区域实施大规模普探，重点探查城垣、城门、绕城阳渠、宫城、城内外主干道路以及包括东周王陵在内的重要建筑遗迹。初步摸清了该城的基本布局，重新测绘了城址平面图，为以后的勘察工作奠定了坚实基础。普探中，于城南洛河故道南岸发现东汉刑徒墓地，并对重心区域进行了发掘清理。

第二阶段为1972年至1982年。此时正处于"文化大革命"结束，刚刚恢复田野工作的时期。鉴于该城址在此前的近十年内仍在不断遭到损坏，其中受损害最大的莫过于现仍凸出于地表的各种大型建筑遗址。为保证资料的完整性，遂将此类遗址确定为优先考察项目。在此期间，先后发掘了城南的辟雍、灵台、明堂、太学和城内的北魏永宁寺遗址。配合当地的农田水利建设，又清理了城内龙虎滩村北的一座北魏官府建筑和北魏宫城内的圆形建筑遗址。同时，为适应遗址保护工作的要求，还及时划定了遗址保护范围、一般保护区和重点保护区。

第三阶段为1982年至今。此时面临两项重大任务：一是改革开放形势下兴起的经济建设大潮，给遗址保护带来巨大冲击，配合基建任务大大加重；二是伴随学术研究的深入发展，一系列必须解决的新问题，诸如北魏是否修建外郭城，历代洛阳城在范围、布局方面有何差异，城市建设与周边地区的地形、地貌、水系有何关系等等提上议事日程。针对这种局面，考察工作采取了有计划发掘与配合基建协调安排、结合进行的方法，并将配合基建任务放在优先安排的位置。除主动开展北魏外郭城及水系勘探，城垣解剖，建春门发掘，太极殿和金墉城试掘，洛河故道和周边地区地形、地貌及关隘遗址调查外，还结合配合基建工程调查、发掘了北魏东外郭城的大型砖瓦窑场、西外郭城的大市和白马寺遗址，清理了以东汉墓园为代表的一大批汉魏墓。通过这些工作，使汉魏洛阳故城遗址的整体范围和形制最终得以确定，对历代城址沿革关系和基本布局，也有了一个较为清晰的认识。北魏外郭城发现后，城址范围已达到东西、南北各约 10 公里，后经报请国家文物局批准，修订保护方案，扩大了遗址保护范围。

汉魏洛阳故城的勘察是一项十分艰巨而复杂的工程，需要多少代人的努力始可完成。本书将要介绍的，只是迄今勘察和研究的主要收获。

一 汉魏洛阳城的地理环境

　　说到汉魏洛阳城的地理环境，人们自然会联想起西汉初年发生在洛阳的一场关于定都洛阳还是长安的争论。

　　《汉书·高帝纪》记载，在汉高祖刘邦称帝之初，尚未正式建都，直到高帝五年（公元前202年）始"西都洛阳"。但不久，"戍卒娄敬求见，说上曰：'陛下取天下与周异而都洛阳，不便，不如入关，据秦之固。'上以问张良，良因劝上。是日车驾西都长安"。娄敬因有此议而建大功，被封为奉春君，赐姓刘氏。对此事，同书《张良传》也有具体记述。原来，在娄敬建议定都关中时，刘邦左右大臣皆山东人，多持反对意见。他们劝刘邦定都洛阳，理由是："洛阳东有成皋，西有崤黾，背河乡雒，其固亦恃。"刘邦犹豫不决，于是征求张良的意见。张以为："洛阳虽有此固，其中小，不过数百里，田地薄，四面受敌，此非用武之国。夫关中左崤函，右陇蜀，沃野千里，南有巴蜀之饶，北有胡苑之利，阻三面而固守，独以一面东制诸侯。诸侯安定，河、渭漕挽天下，西给京师；诸侯有变，顺流而下，足以委输。此所谓金城千里，天府之国。刘敬说是也。"张良这一番切合时宜的至理宏论，帮助刘邦最终坚定了西都关中的决心。

　　品味这场历史争论可以看出，对于古代都城来说，依据当时的政治、经济、军事形势，选择适当的地理环境，不仅是日后都市建设的需要，更是关系国家命运、社稷安危的大事。因此，我们今天从事相关时代都城遗址的考古勘察和研究，便不能不对遗址所在地区的地理环境予以充分的关注。

在对汉魏洛阳城址的考察中，我们曾较多留意于此，因得以于简述其地理环境的同时，可以讨论后文三个问题。

（一）洛阳盆地地理概貌

以洛阳冠名的洛阳盆地，坐落于河南西部黄河中游的南侧。这里，自古即有"土中"[1]的美誉，"土圭测景，不缩不盈，总风雨之所交"[2]，阴阳之所会，周公以为："此天下之中，四方入贡道里均"[3]，是理想的建都之地。

据历史文献记载统计，自夏商以至于唐宋，共有十三个王朝建都于此。其都城遗址，除西周时期的雒邑成周尚在探寻之中，一时难以准确判定外，其余俱已查明。总计凡五处，即通常所说的洛阳五大都城遗址。如按年代先后排列，依次为偃师二里头遗址、偃师商城遗址、东周王城遗址、汉魏洛阳城遗址和隋唐东都洛阳城遗址。这些城址皆沿洛河营建，但并不囿于一地，而是随时代的变迁而变化，涉及的范围，自东至西可达30～35 公里。就地理方位而言，汉魏洛阳故城相对于其他诸城址，显然处于居中的位置（图一）。

自西而来的秦岭山系，在河南西部分成四条支脉向东延伸，构成面积广大的豫西山地。北支崤山，余脉沿黄河南岸延伸，通称邙山。中间两支为熊耳山和外方山，其东北端的嵩山，耸立于低山丘陵之间，为我国五岳之一，号称中岳。南支伏牛山脉环绕于南阳盆地的西侧和北缘[4]。洛阳盆地是为豫西山地中由熊耳山、崤山和邙山围成的一个小盆地。熊耳山为

石灰岩质青石山，峰峦叠嶂，山势险峻，嵩山主峰高达海拔
1440 米。崤山地区地形复杂，岗峦起伏，岭谷横陈，穿越困
难。相对而言，邙山则较为平缓，其上多覆盖着很厚的黄土
层，古时林木苍翠，今已辟为农田。蜿蜒东去的伊、洛、瀍、
涧等大小河流，于盆地内汇流，并形成土壤肥沃、物产丰富的
伊洛平原。该盆地的东、西、南三面，出沿山诸山口可达周围
地区以至全国各地的门户，北面则以津渡控制黄河天险。张衡
于《东京赋》中极赞东汉洛阳之形胜，在追述周公所营洛邑
时写到："审曲面势，溯洛背河，左伊右瀍，西阻九阿，东门
于旋，盟津达其后，大谷通其前，回行道乎伊阙，邪径捷乎辗
辕，大室作镇，揭以熊耳，底柱辍流，镡以大坯。"即是这种
地理形势的形象写照。东汉灵帝光和七年（公元 184 年），为
阻止黄巾起义军的进攻，朝廷在前述诸山口和黄河渡口处设置
函谷、伊阙、广城、大谷、辗辕、旋门、孟津、小平津等八
关，以为守卫都城洛阳的第一道防线。根据文献记载和实地勘
察可知，函谷关在今新安县城东约一里处，关门墩台遗址犹
存；伊阙关在今龙门；广城关约在今汝州临汝镇；大谷关在今
偃师市寇店镇水泉村；辗辕关在今偃师市府店乡韩村东南崿岭
口；旋门关在荥阳汜水西南十里铺一带；孟津关在今孟津白鹤
镇左近；小平津，在今孟津县老城花园村西北。《洛阳市·交
通志》认为，汉魏时期洛阳都畿地区的交通干道可有七条，
它们无不通过以上诸关。其一，为崤函道。此道由洛阳向西，
出函谷关通往长安。其二，为旋门道。此道由洛阳向东，经偃
师、巩县，出旋门关而达郑州、开封，并交通山东和江淮地
区。其三、其四，为大谷道和伊阙道。此二道分别由洛阳向南
或西南，出大谷关或伊阙关，至广城合为一道，抵达南阳和襄

阳。其五，为镮辕道。此道由洛阳向东南，出镮辕关，达于阳城（登封）、阳翟（禹州）、许昌和南阳。其六、其七，为孟津道和小平津道。此二道，皆为由洛阳向北经二渡口渡黄河后通往山西、河北诸地的干道。此外，黄河及其支流洛河、伊河还是洛阳盆地交通全国的水上通道。这样的地理条件，进可以攻，退可以守，既利于控制全国，又有助于强化都城防御，故历代统治者皆将其视为理想的建都之地。

在对洛阳盆地之大势有些总体认识之后，有必要进一步对盆地内部的山川形势进行较为详细的了解和分析。在讨论这个问题时，由于目前尚无比较系统的古地貌资料，我们不得不以现今的地形、地貌为依据。

如前所述，洛阳盆地的地理大势是周边群山环抱，西连崤山，东傍中岳，熊耳山横亘其南，邙山屏障其北，四周高而中间低，且有伊、洛河及其支流汇流其间。但如果再稍稍进行一些实地考察或细看一下该地的地形图，便会发现盆地内各部的地理形势又有较明显差异。

盆地西部地形复杂，在今洛阳及其以西，南有龙门山，北有古郏鄏陌，西为丘陵地，岗峦起伏，沟壑纵横，海拔高度一般为 150～190 米，丘陵处海拔达 200～300 米。盆地中部和东部即今洛阳以东地区，海拔高度普遍降低。南北各有一带状高地，依山面河，由山麓至伊、洛河岸，海拔高度逐渐下降，高程多在 150 米以下。二高地间则为狭长的伊洛平原，是盆地内海拔高度最低的区域。伊洛平原之大势，也是西高东低。

蜿蜒流淌于洛阳盆地的伊、洛河及其支流涧河、瀍河等，同属黄河水系的洛河支系。涧河亦名涧谷水，由上游之涧、谷水汇流而成，前者源于今河南渑池，后者源于今河南新安。瀍河源于今洛阳北。《水经注·瀍水》称，其出自谷城北山。二河的多数河段穿行在塬地、丘陵间，河床高度多在海拔150米以上，只有近洛河段河床稍低，或在海拔140～150米之间。它们分别于今洛阳市区中部和东部注入洛河。伊河发源于今河南栾川，东流经嵩县、伊川，穿过伊阙（龙门）进入洛阳盆地，继续东流，汇合南来诸支水，至偃师市南汇入洛河。流经伊阙时，河床高度约为150米，出伊阙北口，很快降至海拔120米，以至120米以下。洛河发源于今陕西南部洛南，东流经河南卢氏、洛宁、宜阳三县而进入洛阳盆地。其上游多为丘陵、山地，河床高而窄，在宜阳界内，河床高度约为海拔160～170米。进入洛阳盆地，河床高度降至海拔150米以下。至涧瀍二河入洛处，洛河河床高度不到海拔140米。而伊、洛汇流处，二河河床高度均降至海拔120米以下。伊、洛汇流后，俗称伊洛河，越往东流河床越低，直到在巩县境内出洛阳盆地而注入黄河。伊、洛河由上游携带大量泥沙滚滚东流，至洛阳盆地中部开阔地带，流速减缓，泥沙沉积，使伊洛平原逐渐抬高，并有不断向东扩展的趋势。

综观洛阳盆地的山川形势，整体上看虽说是古代理想的建都之地，然并非盆地内的任何地方皆适宜营都。在伊、洛汇流处以东，两侧山地逼近伊洛河岸，沿河低平地段甚少，且支离破碎，显然不适于营建较大城郭。只有伊、洛河汇流处以西，也即今偃师城关至洛阳市一带，沿洛河岸地势较为低平、开阔，才具备营建都城的地理条件。这也正是洛阳五大都城遗址均发现于这一带的根本原因之所在[5]。

（二） 古洛河河道不同于今洛河

一踏上汉魏洛阳故城遗址，细心人便会发现，今洛河之行经路线并非古洛河河道。在这里，今洛河于故城址西南折而北行、复转而向东，以至于荡尽汉至晋代洛阳城南垣，显然与史籍记载的古洛河河道不同。

关于汉魏时期的古洛河河道，《水经注》关于其记载简略，但杨衒之《洛阳伽蓝记》中却留下了较为明确的记述。该书卷三"龙华寺"条有云："宣阳门外四里至洛水，上作浮桥，所谓永桥也。"据此可知，古洛河当在故城南垣宣阳门外四里处。同卷"大统寺"条讲述了一段樊元宝为洛子渊传递家书的故事，说子渊家在灵台南，近洛水。灵台在城南三里，故而其所指洛河方位，也与前者相符。实地调查表明，自故城址正南之西大郊村往西，古洛河河道犹存，南北两岸大体清楚，在今偃师市佃庄镇孙家岗村西南，残存较长一段古洛河北侧河岸。而在酒务村北、在与孙家岗相对之东石桥村村西和村北、在碑楼庄村北至西大郊村西面，也曾发现古洛河的南侧河岸。河岸遗迹皆呈断崖状，现高一二米或二三米以上。河床内地势低洼平缓，覆盖着饱含水分的河道淤土。其间芦苇、杂草丛生，偶尔可见小片稻田（图二）。由西大郊往东，古河岸已不易看到，然古河床内依然保持着的地势低洼、芦苇丛生的自然景观，为判断古洛河的走向提供了极大的方便。依此可以初步确定，汉魏时期的古洛河原是由酒务村西北今洛河北折处继续东流，先后从西石桥与酒务村、孙家岗与东石桥村之间穿过，再经西大郊村北，东大郊、罗洼村南迤逦东去，直达今偃

图二　洛河故道（西段）南岸现状

师城关以南的伊洛二河汇流处[6]。需要说明的一点是，至罗洼村南一带，冲积而成的低洼地带变得十分宽广，古河道已难以分辨。这段古河道的确认，不仅有益于汉魏洛阳故城的全面考察和研究，而且可以明确，其东的偃师商城以及位于今洛河南岸的偃师二里头遗址，古代皆在洛河北岸。

从地理位置看，今洛河道有可能是沿用汉魏时期绕城阳渠在城南的渠道。当地人世代相传又称今洛河为李密饮马河。由此，这段洛河河道发生的变迁，不像是河流的自然改道使然，其中或有人为的原因。

汉魏洛阳故城遗址处洛河河道有此变化，那么，在今洛阳市近郊的洛河河道是否就古今皆同呢？大约是因为有唐代关于隋唐洛阳城的明确记述在，后世学者普遍接受唐人"洛水贯都，有河汉之象"的说法，认为此为隋唐洛阳城城市布局的突出特点，长期以来未见有人就洛河河道的走向提出疑问。近年，有洛阳学者主要依据《隋书》的记载，研究隋开通济渠事并探察通济渠遗迹。除《隋书·炀帝纪》有关通济渠的若干记载外，尤为关注同书"食货志"中的一段文字："炀帝即位，是时户口益多，府库盈溢，乃除妇人及奴婢部曲之课。男子以二十二成丁。始建东都，以尚书令杨素为营作大监，每月役丁二百万人。徙洛州郭内及天下诸州富商大贾数万家，以实之，新置兴洛及回洛仓。又于皂涧营显仁宫，苑囿连接，北至新安，南及飞山，西至渑池，周围数百里。课天下诸州，各贡草木花果、奇禽异兽于其中。开渠，引谷、洛水，自苑西入，而东注于洛。又自板渚引河，达于淮海，谓之御河。河畔筑御道，树以柳。"这段文字所记诸事，虽与同书"炀帝纪"无大异，但有多处值得注意：一是为开通济渠而引谷、洛水确是采用开渠的办法；二是引谷、洛水形成的通济渠，当时不称洛水，而谓之御河；三是御河"自苑西入，而东注于洛"。此话乍看颇觉费解，仔细推敲，方悟其为渠水由苑入城，最终复归于洛的意思。从而怀疑所谓"洛水贯都"云云只是自唐代才出现的说法，而实际上，唐人所说的洛水，就是隋大业元年所开通济渠，洛水之所在，当另有其处。通过进一步研读史籍，重新整理、研究与之相关的河渠和城建资料，尤其是 1949 年以后考古调查、发掘的新成果，在新的基础上，提出一种新看法：在隋大业元年营建洛阳城并开通济渠以前，洛河"是由宜阳进入洛阳辖区后，经周山、三王陵南，再经隋唐洛阳城南而东去的"。再东，当与汉魏洛阳城南的洛河故道相接。只是这条古河道，在唐代可能便已逐渐干涸废弃了[7]。

此项研究提出了一个与我国古代都城发展史有关的重要问题，值得学术界重视。若史实的确如此，隋唐东都洛阳城便名符其实了，是在洛河之阳。既然横贯隋唐洛阳城东去的今洛河，为隋代所开的通济渠，是否可以说，经汉魏洛阳城南东去、俗称李密饮马河的今洛河，也有可能是隋代通济渠的一部分呢？

此外，有必要说明的是，研究者普遍认为，古今的伊、洛交汇处应该有所不同。但汉魏时期伊、洛交汇处究竟在哪里？至今仍是个疑案。按《水经注·伊水》经文，仅说伊水出伊阙之后，"又东北至洛阳县南，北入于洛"。注文写得详细了一点，说是"伊水又东北至洛阳县南，径圜丘东……伊水又东北流，注入洛水"。其时，洛阳县在汉魏洛阳城内，而圜丘在城南七里的伊河北岸。据前辈学者见告，遗址在今偃师市佃庄镇王圪垱村南，建国初期曾亲见。依此似可约略言之，说汉魏时期伊洛二河交汇处当在王圪垱村东北方，然无根据确指其具体地点。1986年冬为配合建设工程而进行的考古勘探表明，自罗洼村南古洛河岸向南直至伊河岸边，地表以下皆为很深的淤积土，且无任何汉魏时期遗迹发现，这也许暗示，二河汇流处当在此以西不远。

（三）城址区域古地貌管窥[8]

汉魏洛阳故城地处洛阳盆地中部，南对大谷，北倚邙山。汉晋时期，城区尽居古洛河以北，北魏迁洛后，始渐次扩展至洛河以南，也即伊洛之间。城址范围，东西、南北各约10公里。其地理坐标约为东经112°33′～112°40′、北纬34°40′～34°

48′之间，正是盆地中洛河北岸地势最为开阔、相对低平而起伏较小的地段。从选址的角度看，在此地营建都城，是与汉魏时期的相关思想意识、生产力发展水平以及都市建设的要求相适应的。

按现在城址区的地理形势，总的来说，是西北高，东南低。洛河北岸的西半部，系自海拔 125 米逐渐抬高至 140 米；东半部，是由海拔 125 米逐渐降低至 120 米。居于城址最北部的邙山，山顶南缘高达 170 米，位于城址南部的两河之间，则是其中最低的地区，西部海拔 120 ～ 125 米，东部已在 120 米以下。1949 年以来的考古勘察表明，该地的这种地理形势特征，古往今来似未发生带有根本性的变化，但也发现了一些局部性的差异。今汉至晋代洛阳城城区之地势，是由古洛河岸边至邙山南麓逐渐升高，地表颇为平坦，而根据考古勘察可知，其南北两端皆为一带高地。北端高地显系邙山南麓的外延部分，无需多作说明。南端高地，自古洛河北岸向北至今龙虎滩村以北，称东西向带状分布，高度不及北端高地，向东延伸可达今偃师城关以南。汉魏洛阳城区南部和城南的一系列大型建筑，以及其东的二里头遗址、偃师商城遗址，均坐落于这一带状高地上。结合文献记载推断，它当是《汉书·地理志》所谓的古亳坂。

汉魏洛阳城西部，如今看来，地势颇为平缓。然在今白马寺镇洛阳正骨医院以北勘探发现，从被呼为瓦渣岗的地点往西，地势稍稍隆起，耕土下即见生土，由城西垣阊阖门向西的大道为避之，不得不北屈绕行。据推断，此处古代当为土岗，与《水经注·谷水》所谓"谷水自阊阖门而南，径土山东。水西三里有坂，坂上有土山，汉大将军梁冀所成，筑土为山，植木为苑"的地望相符，应是东汉梁冀私家园林所在地。由此向西，今分金沟村西侧，尚有一道浅浅的土沟，仅陇海铁路北侧可看到一段沟的遗迹。考古勘探证实，此即是古张方沟（又名长分沟）的残迹。此沟既宽且深，在铁路南侧至今洛河段，深度超过6米。据当地村民说，此沟原为自然沟，俗称铁犁儿沟，自古阊阖门外大道以北斜向西北，直通老君庙处。

汉魏洛阳城东部，在今寺里碑和义井铺村以东，有一南北向土岗，今207国道即位于其上。土岗顶部平缓，大部分地面耕土下即为生土，残存数量较多的龙山文化灰坑和汉墓，由城东垣东阳门向东的大道为避之，至此而稍稍向北绕行。当地称其为景阳岗，从地望看，或许与《洛阳伽蓝记》卷二"正始寺"条所载之北魏司农张伦于昭德里建宅，并于宅中修建景阳山有某些渊源关系。景阳岗以北、以东，地势低下，尤以寺里碑东北至大石桥村东一带为甚。此处古地面低于现地表最深可达5～6米，其间尽为淤积土。大石桥村东部，旧有一条南北向深沟穿过这片低地东南行，朝今洛河方向延伸。在陇海铁路北侧和后张村西都发现过其遗迹，底部皆为夹杂河卵石的沙砾层，明显为流水冲积形成。据大石桥村村民讲，自此沟村南段淤塞后，每当大雨季节，村南一带经常因积水宣泄不畅而形成大面积内涝区。人们推测，此沟或即历史文献所说的七里涧。

这些发现距全面恢复城址区的古地形、地貌，尚有不小差距，但对于深入理解该城的选址和城内外建筑布局，却大有裨益。

注 释

［1］《逸周书·作雒》。

［2］张衡《东京赋》。

［3］《史记·周本纪》。

［4］中国科学院地理研究所《中国省（区）地理·河南省》，商务印书馆，1977年版。

［5］段鹏琦《洛阳古代都城城址迁移现象试析》，《考古与文物》1999年第4期。

［6］中国社会科学院考古研究所洛阳汉魏城工作队《北魏洛阳外郭城和水道的勘察》，《考古》1993年第7期。

［7］方孝廉《隋开通济渠与洛河改道》，《考古》1999年第1期。

［8］参见［5］、［6］。

二　汉魏洛阳城的历史沿革

汉魏洛阳城历史悠久，最早可追溯到西周时期。此后，历东周、秦汉、魏晋、北魏，东周、东汉、曹魏、西晋、北魏皆以之为王都或国都。直到公元534年北魏分裂为东、西魏，国都他移，此城始日渐残破衰微。然在此期间，犹有北周复营洛阳宫、隋末李密据洛阳、唐初于此设置洛阳县等事。贞观六年（公元632年）洛阳县移入隋唐洛阳城郭城毓德坊后，此城便在史籍中销声匿迹。

对此城内涵如此丰富的沿革史，这里不作详述，而重点关注北魏分裂以前，该城从始建、发展壮大到全面繁荣阶段各代城址的范围、形制及其沿袭关系。

（一） 有关文献记载

西周在洛阳地区筑城的记载，最早见于《尚书·洛诰》。书中记周公营洛时云："我卜河朔黎水，我乃卜涧水东，瀍水西，唯洛食。我又卜瀍水东，亦唯洛食。"对这段话，汉以来学者多解释为其时以占卜方式选定两座城址，分别在今洛阳王城公园一带和汉魏洛阳故城遗址处。如《尚书·洛诰》孔氏传称："我卜河朔黎水，我乃卜涧水东，瀍水西，唯洛食。"意为"我使人卜河北黎水上，不吉。又卜涧、瀍之间，南近洛，吉。今河南城也"。而"我又卜瀍水东，亦唯洛食"，是指"今洛阳也。将定下都，迁殷顽民，并卜之"。班固《汉书·地理志》亦持此说。其"河南郡"条云："洛阳，周公迁殷民，是为成周。""河南，故郏鄏地。周武王迁九鼎、周公致太平，营以为都，是为王城，至平王居之。"此后的种种历史文献，多沿袭此说而以汉魏洛阳城的前身为西周时期的成周，乃周公所筑。现代学者中，持相反意见者颇多。或以为"今洛阳之地作为周东都者只有洛邑一座，又称成周。既不存在所谓王城与成周并列为都的问题，成周也不称为王城"[1]。或以为西周之东都成周开创了小"城"连接大"郭"的布局。"成周是东都的总称，王城是成周的小'城'，而另有大'郭'"。"西周王城遗址尚未发现……，可能还在东周王城以北的地方"。"至于成周的大郭，应该在王城以东，横跨瀍水两岸"，并认为"《汉书·地理志》把王城和成周分成两个邑，说王城即汉代河南郡的河南，成周即洛阳。也就是王城在今洛阳市的王城公园一带，而成周在今洛阳以东三十多里地的汉魏故城，显然是错误的。这个错误，首先出于《公羊传》。《公羊传》说：'成周者何？东周也'（宣公十六年）。又说：'王城者何？西周也'（昭公二十二年）。这是把战国时代从周分裂成西周、东周两个小国都邑误认为王城和成周的所在"[2]。

另外，《逸周书·作雒》还有一段文字：周公"俘殷献民迁于九毕"。孔晁注："……九毕，成周之地。"关于这一记载，对汉魏洛阳城之前身为西周时期成周持否定意见者曾作出如下解释："九毕，又作九里。《后汉书·鲍永传》载：'赐永洛阳商里宅。'李贤注：'《东观记》曰：赐洛阳上商里宅。'陆机《洛阳记》曰：'上商里，在洛阳东北，本殷顽人所居，故曰上商里宅也。'从汉魏时期洛阳城地犹有'上商里'可知周初殷民迁于此地，然其是否于此地筑城不见记载。以常理推之，其地修筑有城堡一类的防御设施是有可能的，但规模不会很大。其地当直接隶属于东都洛邑，而不是与洛邑并列为二而同为都城。"[3]

迄今所进行的有关洛邑成周的研究，尽管提出了不少颇有见地的意见，但问题的最终解决，恐怕还需寄希望于洛阳地区西周城址的考古发现和研究。这虽不是一朝一夕之事，鉴于如今已经掌握了一些与西周城址有关的线索，在不久的将来出现突破性进展的可能性还是很大的。

与历史文献关于汉魏洛阳城所在地最早建城的记载较为含混相比，东周时期曾于此地营建成周城（又称下都），则是不争的史实。

春秋末年，周景王死后，为争夺王位，诸王子争战不休。据《左传》记载，昭公二十二年（公元前520年）十一月周敬王在混乱局面中即位。次年，其居于汉魏洛阳城址内的狄泉，并开始与盘踞王城的王子朝周旋。昭公二十六年（公元前516年）十月，王子朝奔楚，敬王始得以进入王城，晋使成公般率人戍之。因王子朝余党多在王城，敬王畏之而徙成周。由于故城狭小不敷王都之需，于昭公三十二年（公元前510年）秋使富辛与石张到晋国，请其增筑成周，说是"欲徼福假灵于成王，修成周之城，俾戍人无勤，诸侯用宁"。是年冬，"士弥牟营成周。计丈数，揣高卑，度厚薄，仞沟洫，物土方，议远迩，量事期，计徒庸，虑材用，书餱粮，以令役于诸侯"。定公元年（公元前509年）正月，晋魏舒合齐、宋、卫、郑、曹、莒、邾娄、薛、杞、小邾娄等大小诸侯之大夫于狄泉，开始筑城。城三旬而毕。敬王之后，元王以下的八位周天子皆以成周为王都，只是到了周赧王这位末代天子才又搬回王城。

公元前 249 年，秦灭两周。庄襄王以吕不韦为丞相，封文信侯，食河南洛阳十万户，再次扩展其城。关于这次扩城行动，《后汉书·郡国志》注引《皇览》曰："（周）景王冢在洛阳太仓中，秦封吕不韦洛阳十万户，故大其城，围景王冢也。"至于当时洛阳城的城市建筑，文献记载奇缺。然值得注意的是，《括地志》"洛州洛阳县"条引顾野王《舆地志》云："秦时已有南北宫。"王应麟《玉海》卷一百五十五宫一依之进一步引申说："盖秦虽都关中，犹仿周东都之制，建宫阙于洛阳。"

关于西汉时期的洛阳，《汉书·高帝纪》虽有"帝乃西都洛阳"之文，实际上刘邦驻洛时间甚短，即正式定都长安，终西汉之世，洛阳只是河南郡的一个县。根据史籍有关该城城市建筑的少量记载看，其时南、北宫依然存在。高祖五年（公元前 202 年）夏五月曾"置酒洛阳南宫"，六年"上居南宫，从复道上见诸将往往偶语"（《汉书·高帝纪》）。刘玄更始"二年（公元 24 年）二月更始自洛阳而西。初发，李松奉引人马惊奔，触北宫铁柱门，三马皆死"（《后汉书·刘玄传》）。至于城市规模似不比秦洛阳更大。

公元 25 年，即东汉光武帝建武元年，冬十月，车驾入洛阳，幸南宫却非殿，遂定都焉。此为我国古代封建王朝定都洛阳之始。东汉王朝自定都之日起，接连进行了一系列的都城建设。建武二年（公元 26 年），起高庙、建社稷，立郊兆于城南。五年，于城南立太学。十四年，起南宫前殿。中元元年（公元 56 年），初起明堂、灵台、辟雍及北郊兆域。二年春，初立北郊，祀后土。明帝永平三年（公元 60 年），起北宫及诸官府。五年作常满仓。此后，又相继于城内外建造了诸多宫苑，终于使之成为一代繁华帝都。时洛阳有城门十二座，城内二十四街，每街各有一亭。清徐松辑《元河南志·后汉城阙古迹》除广为辑录东汉洛阳城的各种建筑资料外，还有东汉洛阳系"光武因周敬王都而广大之"一语，言下之意，东汉初年也有扩城之举。

东汉末年，战事迭起，朝廷一片混乱，并州牧董卓乘机带兵入洛。"是时，洛中贵戚室第相望，金帛财产，家家殷积。卓纵放兵士，突其庐舍，淫略妇女，剽虏资物"。汉献帝初平元年（公元 190 年）二月，董卓胁迫献帝迁都长安，自己留屯毕圭苑，"驱徙京师百姓悉如关"。三月，"焚洛阳宫庙及人家"。二百年繁华帝都，一朝化为灰烬。《后汉书·献帝纪》载："是时宫室烧尽，百官披荆棘依墙壁间"。建安元年（公元 196 年）秋七月，车驾由长安至洛阳，皇帝已无处栖身，不得不"幸故中常侍赵忠宅"。接着，由张杨嘻修洛宫，皇帝始得以于"八月辛丑幸南宫杨安殿"。此次修洛宫之役，规模似乎小得可怜。

黄初元年（公元 220 年），曹操之子曹丕称帝，改国号魏。为区别于日后拓跋鲜卑建立的北魏，史家也称其为曹魏。曹魏凡四十五年，于洛阳城的城市建设，主要做了两件事。第一件事，是大兴土木，再建宫室。此事从立国前夕曹操在洛阳起建始殿始，中经文帝曹丕而继续到明帝曹叡执政之末年，前后经过十多年。见于《三国志·魏书》的有关记事有：文帝黄初元年冬十二月，初营洛阳宫。二年，筑陵云台。三年，穿灵芝池。五年，穿天渊池。七年，筑九华台。明帝太和元年（公元 227 年），初营宗庙。青龙三年（公元 235 年），大治洛阳宫，起昭阳、太极殿，筑总章观。七月崇华殿灾，八月，命有司复崇华，改名九龙殿。于同一事，《魏略》又有更为生动的描述："是年，起太极诸殿，筑总章观……又于芳林园中起陂池，楫櫂越歌。又于列殿之北，立八坊，诸才人以次序处其中。通引谷水过九龙殿前，为玉井绮栏，蟾蜍含受，神龙吐出。使博士马均作司南车、水转百戏。岁首建巨兽，鱼龙曼延，弄马倒骑，备如西京之制，筑阊阖诸门阙外罘罳。"《三国志·魏书·高堂隆传》称："帝欲增崇宫殿，雕饰观阁，凿太行之石英，采谷城之文石，起景阳山于芳林之园，建昭阳殿于太极之北，铸作黄龙凤皇奇伟之兽，饰金墉、陵云台、陵霄阙。百役繁兴，作者万数，公卿以下至于学生，莫不展力，帝乃躬自掘土以率之"。第二件事，是修建金墉城。《水经注·谷水》金墉城注："魏文帝起层楼于东北隅"，注引《洛阳地图》曰："金墉城内有百尺楼"；《太平御览》引《洛阳地记》又曰："洛阳城内西北角有金墉城，东北角有楼高百尺，魏文帝造也。"它们共同说明一个事实：金墉城在洛阳城西北隅，其东北角有一座多层高大建筑百尺楼。赵一清《水经注校释》认为："城为明帝所筑，则层楼不应云文帝起，盖亦明帝之衍文。"此说无据。上述记载或许反映了曹魏金墉城的营建过程是先有魏文帝所造百尺楼，后于明帝时复经统筹规划修筑城池。

公元 265 年，司马懿之孙司马炎登上皇帝宝座，改国号晋，史称西晋。西晋存在了大约半个世纪，对都城洛阳的城市建设似无太大建树。《晋书》及其有关文献中，除改营太庙，修明堂、辟雍、灵台，新筑三城门外，无一处提及修建宫室。这大概是由于改朝换代未经战火，宫室多沿曹魏之旧的缘故。

北魏迁洛，是在历经西晋末年八王之乱和十六国纷争之后。旷日持久的战乱，使洛阳再次受到严重摧残。《魏书·高帝纪》载，太和十七年（公元493年）七月，孝文帝幸洛阳，"周巡故宫基址。帝顾侍臣曰：'晋德不修，早倾宗祀，荒毁至此，用伤朕怀，'遂咏《黍离》之诗，为之流涕"，足见破败之惨。为重建洛阳，诏司空穆亮、尚书李冲、将作大匠董爵经始洛京。至十九年（公元495年）九月新都始立。对于北魏洛阳宫殿及主要城市建筑，《洛阳伽蓝记》、《水经注·谷水》、《元河南志·后魏城阙古迹》等书有集中记载，其中与城市规模密切相关者，也为两件事。其一，迁洛之初，皇宫尚未竣工，孝文帝驻跸金墉城，为此，曾对金墉城进行过空前规模的营缮。《水经注·谷水》描述这次营缮曰："皇居创徙，宫极未就，止跸于此。构霄榭于故台，所谓台以停停也。南曰乾光门，夹建两观，观下列朱桁于堑以为御道。东曰含春门。北有趋门。城上西面列观，五十步一睥睨。屋台置一钟以和漏鼓。西北连庑函荫，墉比广榭。炎夏之日，高祖常以避暑。"它完全是以当时别宫的资格出现，文献中也直呼其为金墉宫。其二，是景明二年（公元501年）在洛阳大规模营造里坊。《魏书·广阳王嘉传》云："嘉表请于京师四面筑坊三百二十，各周一千二百步，乞发三正复丁以充兹役……诏从之。"同书"世宗纪"于同一事记曰，景明二年，"九月，丁酉，发畿内夫五万人，筑京师三百二十三坊，四旬而罢"。北魏这一营建里坊的壮举，从广阳王表"请于京师四面筑坊"一语看，主要工程应在汉至晋代洛阳城外。工程完成后，洛阳城的规模成倍增大，按《洛阳伽蓝记》的记载，是"京师东西二十里，南北十五里，户十万九千余。庙社宫室府曹以外，方三百步为一里，里开四门；门置里正二人，吏四人，门士八人，合有二百二十里。寺一千三百六十七所"。与前代的一个重大区别，是还在古洛河以南、圜丘以北营建了容纳四方侨民的四夷馆（归正、归德、慕化、慕义）和四夷里（金陵、燕然、扶桑、崦嵫）以及白象、狮子二坊[4]。

此外，尤需注意者，尚有各文献中与洛阳城市建设相关之汉魏时期引谷、堰洛工程的零散记事。

（二）西周—北魏历代城址的发现

1. 60 年代的大规模考古勘探

从 1962 年夏开始对汉魏洛阳城进行的考古勘察，就地域范围讲，约与汉至晋代洛阳城的规模相适应（图三）。勘察工作以考古钻探为主、辅之以必要的小范围试掘。经过两年的努力，初步探明了大城城垣、城门、护城河、城内主干道路，以及宫城、金墉城的范围和布局[5]。

据对迄今仍有残垣矗立于地面的西、北、东三面城垣勘探和实测可知，整个大城呈不规则长方形，城垣上呈现多处曲折。城东北角为圆缓转角，城之西北隅有三个南北毗连的小城。其西垣残长约 4290、宽约 20 米；北垣全长约 3700、宽约 25～30 米；东垣残长约 3895、宽约 14 米。城垣皆为版筑夯土，质地细密坚实，时而可见版筑过程中留下的一排排夹棍眼的痕迹。北垣东段和东垣北段残城垣保存状况最好，至今犹高出地面 5～7 米（图四）。勘察者认为，如将今已无存之南城垣的长度以东西二城垣南端的间距 2460 米计，并减去西北隅诸小城的范围，大城周长恰合西晋时期的三十里，与《帝王世

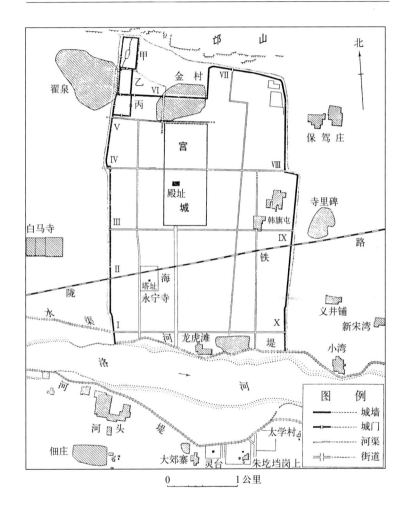

图三　汉魏洛阳城平面实测图

（采自《考古》1973年第4期《汉魏洛阳城初步勘查》）

纪》城东西六里十一步、南北九里一百步和《晋元康地道记》
城内南北九里七十步、东西六里十步、为地三百顷一十二亩三

图四　汉魏洛阳城东北城壁遗迹

十六步的记载基本相符。城西北隅诸小城，即有名的金墉城。

在西、北、东三面城垣上勘探出城门址十座：西垣五座、北垣两座、东垣三座。缺口宽度多为 7～24 米，最宽者可达 31～47 米，少数门外发现双阙。多数为一个门洞，个别为三个门洞。城内共发现贯通诸门址主干道路九条：东西向横道五条，南北向纵道四条，路宽 15～50 米不等。依据四条南北向纵道的走向，不仅可以确知南城垣上应有门址四座，而且能够复原各门址的大体位置。对照《洛阳伽蓝记·序》关于洛阳城门的记述，由西垣南数第一门起、以顺时针方向为序，诸城门址依次编为Ⅰ～Ⅹ号。Ⅰ号门址，应为汉广阳门，魏晋沿用汉门名，北魏改称西明门。Ⅱ号门址，为汉雍门，魏晋称西明门。Ⅲ号门址，为北魏新开西阳门。Ⅳ号门址，为汉上西门，魏、晋、北魏称阊阖门。Ⅴ号门址，为北魏新开承明门。Ⅵ号门址，为汉夏门，魏、晋、北魏称大夏门。Ⅶ号门址，为汉谷门，魏、晋、北魏称广莫门。Ⅷ号门址，为汉上东门，魏、晋、北魏称建春门。Ⅸ号门址，为汉中东门，魏、晋、北魏称东阳门。Ⅹ号门址，为汉望京门（亦曰税门、芒门、耗门），魏、晋称清明门，北魏改为青阳门。南垣四门，依次应为汉至北魏开阳门，汉平城门（又称平门），魏、晋、北魏称平昌门，汉小苑门（又称苑门），北魏称宣阳门，汉津门，魏、晋、北魏称津阳门。五条东西向干道，分别为北魏西明门—青阳门大道、汉雍门内大道、北魏西阳门—东阳门大道、北魏阊阖门—建春门大道、北魏承明门内大道。四条南北向干道分别为北魏开阳门内大道、北魏广莫门—平昌门大道、北魏宫城—宣阳门大道、北魏大夏门—津阳门大道。

勘探中，还在西城垣北段、北城垣东段和金墉城诸垣发现附建于城垣外侧的马面十八座。其间距约为 110～120 米，平面均作长方形，面积大小不一，大的 19.5×12.5 平方米，小的 18.3×8.3 平方米，皆以素土夯筑而成。再其外，又有环城渠道遗迹。此渠道遗迹，自西来，在大城西北隅分为三支：一支经金墉城和大城西垣外侧南去，直达今洛河北岸，宽 18～28 米不等，深 3 米以至 4 米以上；勘探阊阖门时，于门址下探到一处东西向砖筑基址，宽约 5、残长 50 米，可能是渠水于城门处支分入城的进水涵洞之一。一支向东，穿过金墉城之居中小城，折向东南，从大夏门右侧进入大城。另一支向北，经金墉城西垣和北垣外，转向东南，历经广莫、建春、东阳、青阳诸门外，直达今洛河北岸，宽 10～40 米不等，深也为 3 米以至 4 米以上。对照《水经注·谷水》的记载，它即是兼作

图五 北魏洛阳城金墉城西城壁遗迹

护城河用的阳渠。支分入城之水，出城后皆又汇入此渠，由建春门外和大城东南角分两支东去，并汇入洛河。

勘探发现的宫城遗迹，是一座由夯土城垣围成的小城，位于大城北中部而稍偏西，地当西阳门—东阳门大道以北、承明门内大道以南，阊阖门—建春门大道正好从其中部穿过。宫城平面略呈南北长的长方形，南北长约1398、东西宽约660米，面积约为大城总面积的十分之一。城内西部建筑基址十分密集，夯土基础紧密相连，达到了仅凭勘探手段无法区分一个个单体建筑的地步。

由三座小城构成的金墉城，平面略呈目字形，南北长约1048、东西宽约255米，总面积约为26万平方米。甲城居北，倚靠邙山，处于全城地势最高处，面积较大，保存也较完整

（图五）。丙城居南，位于大城西北隅，城垣夯土土质纯净，夯打坚实。乙城介于甲丙二城之间，只建东西二城垣，以连接甲城和丙城。城垣土质较杂，城内地势狭长而平坦。

另外，在大城内外还发现了北魏永宁寺，汉魏灵台、辟雍、明堂和一些殿台、官署遗址。按《水经注·谷水》的记载，金墉城之东，又有洛阳小城。此城"因阿旧城，凭结金墉，故向城也。永嘉之乱，结以为垒，号洛阳垒"。但在勘探中，迄未发现它的遗迹。

这次大规模勘探取得的各项成果，集中反映在由此产生的汉魏洛阳城实测图中，为日后考古勘察和发掘工作的深入开展，打下了良好基础。但同时也应看到，这些成果仍带有较大的局限性和明显的缺陷：一是尚不能将不同时代的遗址严格区分开来；二是由于工作范围仅与汉至晋代洛阳城的规模相适应，未能解决北魏洛阳城是否因为营建里坊而形成外郭城的问题。诸如此类的问题，都需要通过进一步的勘察、发掘工作去解决。

2. 现存诸城垣解剖

1984年，为具体了解汉魏洛阳城城垣的结构及构筑技术，特地对该城现存诸城垣进行了一次解剖性发掘，解剖沟皆横截城垣墙基。在选择解剖沟位置时，充分考虑了汉魏洛阳城大城的形制特点，以求得关于形成此种形制的科学解释。为避免对现存城垣之墙体造成不必要伤害，解剖沟均置于今地面上城垣墙体无存处。

此次发掘共开解剖沟十一条。西垣四条，分别位于西垣南端今洛河北岸城垣断崖下、汉雍门址南侧、北魏阊阖门址南侧和北侧。北垣一条，位于广莫门以西城垣向南折转处。东垣六条，分别位于北魏建春门址南北两侧、东阳门址南侧和青阳门址南侧。发掘结果大大超出了事先的预料，它不仅再现了不同时代的城垣构筑技术，还为探索该城的历史沿革提供了许多宝贵资料[6]。

　　比较由十一条解剖沟所获城垣横剖面发现，它们可以按区域划分为三类。位于北魏阊阖门—建春门大道与西明门—青阳门大道之间者，城垣横剖面图内涵最为丰富，可以看到从西周，到春秋战国、秦汉、魏晋以至北魏城垣的残存夯土。位于北魏阊阖门—建春门大道以北者，除不见西周时期夯土外，其余各个时代的城垣夯土皆有保存。位于北魏西明门—青阳门大道以南者，内涵相对贫乏，不仅没有西周时期夯土，连东周时期夯土也难得一见，能明确判断其时代者，皆属于汉或汉以后的历史时期，但目前尚不能绝对排除汉以前的遗迹存在。我们注意到发掘报告中有这样一个例子：从层位关系看，此区诸探沟中年代最早的一块残城垣夯土，是东垣 T3（发掘报告称"探沟84HWT3"）夯 1。此夯土的基槽系在不晚于东周的灰褐色地层上下挖而成。夯土呈深红色，土质细密纯净，较硬。夯层厚薄不一，厚 6～14 厘米。夯窝为圆形、圜底，口径 5 厘米。所含遗物较少，主要是夹砂褐陶片和泥质灰褐陶片，时代不易准确辨认。发掘报告对它的筑建年代只是作了约略估计，称其"当晚于东周，早于汉代。"

　　各解剖沟城垣剖面图所呈现的一个共同现象是，不同时代的夯土，彼此之间结合严密，晚期夯土或打破、叠压早期夯土，或贴附于早期夯土侧壁。应该说，所有这些残存夯土都是迄今犹存的汉魏洛阳城城垣的有机组成部分，表现了较晚朝代筑城垣时，都曾采用了以前代城垣为基础、经修整加工而后进行加固、增筑的简便筑建方式。

据以上发掘资料并参照大城的具体形制综合予以分析，至少可以得出以下三点认识：

其一，西周时期即已有一座古城在此地兴起，其后的东周、秦汉、魏晋、北魏，历代都有筑城之举，而诸城址之所在皆未离开西周城址。如果换一种说法，那就是自西周时期直至汉魏洛阳城终遭废弃，历代相沿使用同一城址，只是城的规模有所不同而已。

其二，西周时期城址之所在，地当汉魏洛阳城大城中部。西周城的范围，参照汉魏洛阳城大城的形制特点推断，大约相当于北魏阊阖门—建春门大道以南至北魏西明门—青阳门大道以北东、西二城垣上的两处转折处，南北长不足2公里，东西宽超过2.5公里。在此基础上营建的东周城，除沿用西周城址外，复向北扩，城区已扩展至汉至晋代洛阳大城北垣的位置。而汉至晋代洛阳城的南部，当是晚至秦汉时期才扩展为城区的。西周城出现以后伴随时间的推移城区范围一次次扩展，大体和前引有关文献记载反映了同样的进程。正是由于在西周城基础上实施的一次又一次扩建工程，才奠定了汉、魏、晋洛阳城的城区规模，并为北魏洛阳城所继承（图六）。

其三，解剖城垣发现的东周城址，已经将狄泉和东周王陵区围于城内，可以毫不含糊地说，它就是东周时期的成周城。其范围小于汉至晋代洛阳城，《元河南志》（《藕香零拾》本）以前述《帝王世纪》等记载注释成周城的规模，显然是个错误。

至于西周时期的城址原名，是文献所说的成周还是九毕？似乎没有必要匆忙作出判断，待到洛阳地区有关西周城址的实

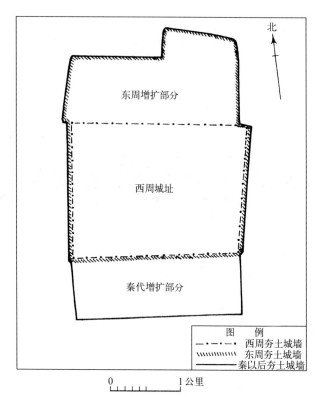

北

东周增扩部分

西周城址

秦代增扩部分

图 例	
—·—·—	西周夯土城墙
⅏⅏⅏⅏	东周夯土城墙
——	秦以后夯土城墙

0   1公里

图六　汉魏洛阳城早期城址沿革示意图

（采自《考古学报》1998 年第 3 期《汉魏洛阳城城垣试掘》）

物资料进一步丰富时，经过全面衡量，自然会得出一个比较科学的结论。不过，从考古学的角度看，目前可以肯定的一点是，此西周城的营建年代在西周中晚期，与成王在位的时间不相适应。

3. 北魏洛阳外郭城考察

由前引《魏书·广阳王嘉传》等关于景明二年于京师四

面筑坊三百二十（一说为三百二十三）和《洛阳伽蓝记》关于洛阳城市规模以及城外里坊情况的记载可以肯定，北魏洛阳城确实已有外郭城存在，然对于外郭城的四至，历史文献却缺乏明确的记述。从一些零散记事只能约略窥知，其郭城西界可能在长分沟（亦名张方沟）一带，东界或在七里桥东一里处，城南的四夷馆、四夷里，最南已接近伊河北岸。中外学者对北魏洛阳城的研究，也有专门探讨外郭城的内容。因受文献记载局限，讨论重点仍不外外郭城的大致范围和夹御道两侧里坊布局等。所见复原图多将洛河以北城区，推测为东西二十、南北十五里的规整横长方形，永桥以南有一个向南凸出的部分。其不同点在于，内城（范围同汉至晋代洛阳城）东西两侧的郭城，有均衡配置和不均衡配置的差异。对北魏洛阳城是否修建过外郭城垣，未见持否定意见者。至于外郭城垣的位置，各人的推测则有所不同[7]。

　　说到北魏洛阳外郭城垣，人们普遍看重的一则文献，是《洛阳伽蓝记》卷二"城东建春门外崇义里"条的如下一段文字："崇义里东有七里桥，以石为之，中朝杜预之荆州出顿之所也。七里桥东一里，郭门开三道，时人号为三门。离别者多云，'相送三门外'。京师士子，送去迎归，常在此处。"依此，虽可推测其时或有建造外郭城垣的可能性，但无由判定确曾修建了完整的外郭城垣。学者们的复原研究，更不可能拿出过硬的证据。因此，外郭城垣之有无，便成了关于北魏洛阳外郭城的一个疑案。

　　这个问题关乎外郭城的结构与形制，有必要追出个水落石出。而问题的解决，在很大程度上，则需依赖于考古勘察工作的不断深入。

　　实际上，在60年代对汉魏洛阳城开展大规模勘探时，就曾在城北邙山山顶南缘发现仅存的一段北魏外郭城北垣遗迹，当时残垣犹高出地表约2米，当地人称之为"洛郭城"或"外罗城"。因其时认识上的局限，虽记录了这段城垣遗迹，却未给予应有的重视。70年代末，北魏外郭城探查正式列入议事日程，开始地面调查和重点试探。1984年至1985年大规模考古勘探得以实施，相继探明了外郭城内的主干大道、阳渠水道，发现外郭城东垣和西垣，并确认外郭城北垣。1989年，在外郭城东垣北段和西垣南段各开一条探沟，验证了它们的时代与结构（图七）。遗憾的是，在今洛河和洛河故道之间未发现城垣遗迹，在洛河故道以南的伊、洛河之间，更未见到属于北魏洛阳外郭城的建筑遗存，有无外郭城南垣无从判断[8]。因此，就北魏洛阳城的整体面貌而言，仍不能算是得出了令人满意的结论。

　　北魏外郭城东西二城垣遗迹，全部湮埋于今地面以下，北垣残垣前些年被夷平，地面上已无遗迹可寻。据勘探，外郭城东垣，西距汉至晋代洛阳城东垣约3500米，地当纵穿今偃师市首阳山镇之后张、白村的南北一线。仅存的一段城垣残基，由大石桥村东北向南至白村村北，长约1800、垣宽8～13米。外郭城西垣，沿今白马寺镇西部的分金沟（即古长分沟）东岸修建，城垣曲曲折折不成直线，东距汉至晋代洛阳城西垣约3500～4250米，残存之城垣遗基，由今潘村以北曲折南去，直达今分金沟村西之陇海铁路以南，长约4400、垣宽7～12米。外郭城北垣，在今孟津县上屯、半个寨村南的东西一线，南距汉至晋代洛阳城北垣的最近距离约850米。城垣残基仅存上述二村以南的一段，长约1300、垣宽13米。依此测量，北魏洛

图七　汉魏洛阳城平面图

1. 太极殿　2. 永宁寺　3. 灵台　4. 明堂　5. 辟雍
6. 官府　7. 刑徒墓地　8. 东汉墓园　9. 太学

（采自《中国社会科学院考古研究所考古博物馆洛阳分馆》）

阳城的范围，东西确为二十里，如以洛河故道为南界，南北亦合十五里之数。如加上洛河故道南之四夷馆、四夷里，其南北长度也应是二十里。面积超过了隋唐长安和洛阳，堪称我国古代都城史上规模最大的都市之一。

北魏修筑外郭城之后，汉至晋代洛阳城自然成了它的内城。据勘探，外郭城内的主干道路，皆为内城纵横主干道路的延伸。

南郭城内的主干道路应为四条。其中由平昌门和开阳门向南的大道，仍用汉晋故道，均呈南北向，分别穿行于灵台与明堂、明堂与辟雍遗址之间。另外两条大道迄今尚未发现，有待日后进一步探寻。北郭城内主干大道只有两条，也为南北向，分别自大夏门址或广莫门址向北，穿过外郭城垣后逐渐靠拢，于邙山顶天皇岭村西南合为一道，翻越邙山继续向北延伸，应指向黄河渡口（或河桥）。东、西外郭城内主干道路，分别为三条和四条，皆作东西向，除西郭城由承明门址向西的大道西行250米即中止外，其余各道均一往直前并穿过外郭城垣。受大道保存状况限制，只有西明门外大道、阊阖门外大道和东阳门外大道通过外郭城垣处，尚可探出城门缺口或门址。承明门外大道之所以西行250米即止，或同《洛阳伽蓝记·序》的如下一段记载有内在联系。该书在写到承明门命名时说："承明者，高祖所立，当金墉城东西大道。迁京之始，宫阙未就，高祖住在金墉城。城西有王南寺，高祖数诣寺沙门论议，故通此门，而未有名，世人谓之新门。时王公卿士常迎驾于新门。高祖谓御史中尉李彪曰：'曹植诗云，谒帝承明庐。此门宜以承明为称'"。依此看，承明门及承明门外大道，当系专为方便孝文帝往城西王南寺同沙门论议而设，与其他主干大道的功能有异。

外郭城垣和郭内主干道路的发现，不仅使北魏洛阳城的基本范围、形制趋于明朗，证明其故洛河以北城区并非是一个规整的横长方形，而且还为探查、研究郭城建筑布局创造了重要基础条件。

4. 金墉城诸城垣试掘

60年代的考古勘探，已初步查明了金墉城的总体形制和结构，且"推测甲、乙、丙三座小城是一组完整的建筑，它可能就是西晋时修建的金墉城基址"。在以后的工作中，虽朦胧地感到诸小城之间或有年代早晚的区别，但由于实物资料不足，无法作出明确判断，不得不长时间存疑。待至90年初，为适应大遗址保护的需要，始将金墉城遗址的深入考察列入工作重点，并付诸实施[9]。

开展此项考察的首要任务，是在复探的基础上，通过对三座小城城垣的解剖性试掘，明确它们的建筑年代问题。为此，在1995年秋和1997年秋，以两个季度的时间，于三座小城诸城垣上开挖解剖沟八条：甲城西垣两条、东垣一条，乙城东垣两条，丙城东垣一条、城东北隅两条。发掘结果显示，甲城东、西城垣和乙城东城垣的墙体皆属一次性筑成，甚少修补痕迹。即使偶有修补，修补时间也与主墙体的筑建年代相差无几。根据地层关系和城垣夯土包含物判断，其始建年代俱不早于北魏。丙城城垣的情况比前二者要复杂得多。其北城垣系袭用汉至晋代洛阳城大城北垣的最西段，城垣同样有不同时代的夯土构成。中心部分夯土年代可早到东周，当属东周时期成周城北垣的有机组成部分。它的内外两侧，又有东周至东汉时期多次修补或增筑的城垣夯土。再其外，更有不晚于东汉晚期至曹魏初期的增筑夯土。丙城的东城垣，北连大城北垣，墙体亦属一次性筑成者，极少增补痕迹。其筑建年代约与北垣时代最晚的增补夯土相同，不晚于东汉晚期至曹魏初期。由此可见，金墉城三小城中，唯有丙城确为魏晋金墉城的遗基，其地理位置的较确切表述，应是居于汉至晋代洛阳城大城内之西北隅。甲、乙二小城则是北魏或者更晚的建筑物。

在金墉城丙城东北角，即丙城东垣和北垣结合部，犹可分辨出一块方形夯土基址。60年代基址夯土尚凸出于地面，俗称阿斗坟，70 年代始被夷为平地。发掘表明，该夯土基址是在汉魏洛阳城北垣（内含东周时期成周城北垣）的基础上增筑而成，其增筑年代不晚于东汉晚期至曹魏初期。从层位角度看，其建成年代应比丙城稍早。诚如发掘者称，据此夯土基址的位置和建成年代，说它"即魏文帝在洛阳城西北隅所造之百尺楼是完全有可能的。从丙城东墙是接在大城北墙上方形夯土基址南侧修建来看，也与（文献）记载的文帝造百尺楼、明帝建金墉城的时间顺序相符合"。换言之，即先有魏文帝所建百尺楼，而后才有魏明帝据百尺楼营建的金墉城。

总之，通过对金墉城诸城垣试掘进一步可知金墉城的三个小城，虽然可以说是一组完整的建筑，但因诸小城并非同时所筑，只有丙城建于魏晋，故而不能笼统地说，"它可能就是西晋时修建的金墉城基址"。60 年代勘探形成的看法有必要予以修正。也因为如此，在论及汉至晋代洛阳城大城的规模、形制时，不应该再将金墉城的甲城和乙城包含在内。同时，有理由相信，汉至晋代洛阳城大城的西北城角，也和保存完整的东北城角一样，采用了如同龟背那样的圆缓转角而不是方形转角的形制。

（三）与城址沿革相关问题的初步探讨

综览前述文献记载和考古发现业已基本清楚，汉魏洛阳城的全部历史是从西周中晚期至唐初，一直延续了一千多年。在此期间内，城区规模伴随时间的推移而不断扩大，最终成为我国古代史上城区规模最大的都市。历代城址都是以西周城所在地为基点向外扩展，没有出现明显的偏移，更不曾他徙。历史上的扩城行动有三次。第一次扩城行动发生在春秋末年周敬王迁居成周之时。此次据西周城并北扩，扩展后形成的成周城，规模与汉至晋代洛阳城的中部和北部略同。第二次扩城发生在秦汉时期。此次据有东周城并南扩，扩展后的城区已与汉至晋代洛阳城的全部城区相同。第三次扩城发生在北魏时期。先是于北魏迁洛之初，将魏晋金墉城向北扩展，继而在宣武帝景明二年（公元 501 年）于京师四面筑坊三百二十（或三百二十三），并修建外郭城垣，使城区面积达到了该城历史上的最大规模。

然而，事情并未到此为止。因为，每一次的扩城行动都不仅仅是一项最高统治者发起的大型土木工程，从它被提出到付诸实施，还需要经历一个相当复杂的过程。这期间，除需考虑形势发展的要求之外，尚有其时政治、经济、军事、文化、科学技术等诸多深层次的因素在起作用。因此，开展这方面的研究和探讨，应是将我国古代都城考古引向深入的重要课题之一。目前，此项研究开展尚不充分，在此仅能略述现已涉及到的一些问题。

1. 关于西周城选址

讨论汉魏洛阳城内这座西周城的选址问题，从文献上找不到任何资料，只有城址本身是最为宝贵的依据。

此西周城址，地当汉至晋代洛阳城大城中部，占据该城城区内地势较为低平、最少起伏的区域。城垣同北部的邙山山麓和东西两侧的景阳岗、瓦渣岗一带高地之间，各有一带状低平地带。选择这样的地理环境建城，既避开了地势较为复杂的地区，宜于开展城内建设，周围又有险可守，有利于增强防御能力。即使城周围高地失守，因有高地与城垣之间的低平地带起缓冲作用，也不至于使城区直接遭受危害。城址南距洛河故道尚有 1000 余米，其间为地势稍高但较平缓的古亳坂，既可保证城区免受洛河水患的威胁，对开辟同外地交往的水陆交通也无任何不利。又因其地与洛河河床的高差不大，且靠近古狄泉，城市用水的水源更不会成为问题。在生产力水平相对低下、缺乏改造自然条件能力的西周时期，选择这里建城应该是比较合适的。

西周城的选址，对其后历代的扩城行动产生了巨大影响，至少发生在东周、秦汉时期的扩城，分别北扩、南扩而不向东、西扩展的做法，应同西周城的选址有直接关系。至于为什么整个汉魏时期城址范围虽不断扩大但没有显著偏移，更不他徙，最根本的一条，恐怕是因为西周城址所在处，是洛阳盆地内洛河北岸地势最为开阔、平坦且南对大谷的缘故。

2. 关于"秦时已有南、北宫"

依前引文献，"秦时已有南、北宫"一语，出自《括地志》洛州洛阳县条引顾野王《舆地志》，而于考古发现无征。至于王应麟《玉海》云："盖虽都关中，犹仿周东都之制，建宫阙于洛阳。"显为一己之推测，不足为据。

笔者在论及汉魏洛阳城南北宫对峙局面形成的年代时，曾引用过《舆地志》的这一记载，并说，依此南、北宫均应建于秦或秦代以前，但建于秦以前的可能性更大[10]。当时提出的理由有两条。一是依照已故学者陈梦家的论断，西周时期的成周即汉魏洛阳的前身，根据《周礼·考工记》的营城理论并参照偃师商城的发现，以为成周城的王宫应在城之南部。它可能就是汉魏洛阳南宫的前身。二是北宫出现的时间应较晚，或同成周城日后的扩建有关。依文献，汉以前此城曾经历过两次较大规模的扩建：一次是东周敬王为避王子朝乱，由王城徙居成周，晋率诸侯之徒毁狄泉而大之；另一次是秦再扩其城以封相国吕不韦。这两次大规模扩建工程都有可能筑造新宫，形成二宫对峙的布局，惜史书无征，无法作出准确判断。然值得注意的是，《春秋》昭公二十三年有"天王居于狄泉"的记载。周王既居狄泉，说明狄泉并非只是成周城北之附郭水域，而应有离宫一类建筑。敬王时因成周狭小不受王都而将狄泉扩进城去，依当时情势是舍不得将原有建筑毁去的。所谓毁狄泉，恐怕只是填塞一些水域而已。狄泉被扩进城区，离宫之类建筑，自然可能成为新王宫的基础。如果这一推测无误，那么很可能东周末年南北二宫对峙业已成为事实。

之后，对汉魏洛阳城大城诸城垣的解剖性发掘付诸实施，发现西周城址并判定其为西周中晚期所筑。因其建筑年代与西周成王在位时间不相适应，不宜勉强以文献中成王时期的成周城视之。鉴于其城址规模颇大，仅仅稍小于东周王城遗址，也不宜简单将之作为一般的城堡类防御设施对待。判断其城址的性质，尚有待于城内有较多的建筑基址或其他实物资料的发现。

3. 关于汉至晋代洛阳城大城形制

如所周知，诸城垣存在较多曲折而非直线式，为汉魏洛阳城大城（即汉至晋代洛阳城或称北魏洛阳内城）形制的显著特征。这种形制特征的形成，与东汉以前的历次扩城工程有着密切联系。然而，这是否意味着城垣上诸多转折的出现，是由于测量技术不精所造成呢？迄今全国各地发现的一大批东周城址表明，测量技术应该不是形成城垣上较多转折的主要原因。结合东周以至汉魏时期时势经常动荡不安的历史背景分析，城垣上大量的转折，应是作为强化都城防御系统的重要措施之一而有意识制造出来的。对于这一点，城垣的转折部位皆处于靠近城门或宫殿区的所在，便是十分有力的证据[11]。

除此而外，前述绕城水道、城垣外侧附建马面以及城西北隅的金墉城等，也都是该城防御系统的有机组成部分。绕城水道肩负着解决城市用水和充当护城河的双重任务，后面还有专题叙述，这里仅对马面和金墉城的情况再作一些补充。

附建于城垣外侧的马面，具有提高杀敌能力、阻止进攻者接近城垣的特殊功能。考古勘探业已查明，在大城和金墉城城垣外侧均有此类建筑物。为进一步探查此类构筑物的具体结构和建筑年代，曾特意对大城北垣北魏广莫门西侧的一号马面进行了发掘。发掘表明，此马面由基础部分和地上部分两部分组成。基础部分，系就原地层土挖出方形基槽，然后逐层填土夯筑而成。南端宽 15.8、北端宽 14.4、南北长 12.4、夯土厚 2.3 米。地上部分系在夯筑基础之上，东、北、西三面分别向内收缩 0.6～1.3 米，然后逐层版筑而成，残高 2.1 米。底大顶小，诸侧壁陡直而上部略内收。现存顶面东西宽 12.9、南北长 11.7 米。由此不难想象，马面类建筑当年的建筑形制和风貌。根据对遗迹的土质、土色及包含物的辨别又可知，现存马面并非同一时期的建筑遗存，而是北魏时期以经过修整的魏晋马面为内核、复于周壁增筑夯土形成，不同时期的马面夯土分别与相应时期的城垣夯土连为一体。此类建筑遗迹的时代当属魏晋和北魏，而其始建年代，无疑可判为魏晋时期（图八）。如此说来，这应是我国内地都城遗址使用马面这类城防设施的最早实例[12]。需要指出，这一判断对金墉城遗址并不完全适用。因为金墉城的甲乙二小城，建筑年代不早于北魏，

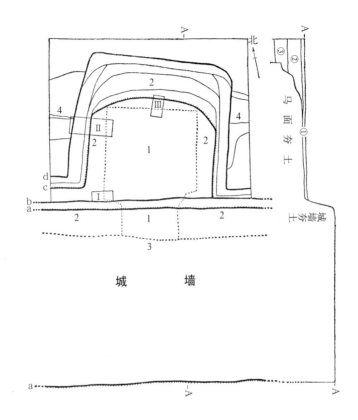

图八 汉魏洛阳城北垣一号马面平、剖面图

Ⅰ～Ⅲ探沟 a. 现存城垣夯土顶面边像线 b. 现存城垣夯土底部边缘线

c. 现存马面顶部边缘线 d. 马面底部基槽线 1. 红色夯土

2. 灰褐色夯土 3. 灰黄色夯土 4. 黄褐色夯土

①耕土层 ②沉积土层 ③北魏文化层

（采自《考古》1986年第8期《汉魏洛阳故城北垣一号马面的发掘》）

所以此二小城的马面最早也应是北魏所建。

汉魏洛阳城于大城西北隅营建金墉城的这种做法，学者们多认为是曹魏邺城于大城西垣北段营建铜雀三台做法的延续和发展。曹氏经营金墉城的两项主要工程——修建城池和百尺楼，主要目的同样也是"备不虞"。城池用于防御，人所共知，自不必说，即使百尺楼的防卫作用也是显而易见的。关于魏文帝百尺楼的建筑特点，《水经注·谷水》引《晋宫阁名》曰："金墉有崇天堂即此。地上架木为榭，故曰楼矣。"此种层楼式高大建筑模型东汉晚期墓出土甚多，墓葬壁画中也时有所见，有的还同大型宅院结合为一体，其中架木为榭者占相当大的比例。它们或建于平地，或造于池中。少数楼上塑歌舞俑，更多的则是描绘主人端坐上层楼内，家奴负粮攀梯而上，层层楼上悬挂武器或塑出武士持弓守卫形象，有的楼下还有骑马巡逻者。这些无疑都是东汉以至魏初百尺楼一类建筑用于防卫的绝好证明。扩建后的金墉城，三座小城毗连，城垣厚实坚固，垣外马面多达十一座，占了汉魏洛阳城已发现马面总数的三分之二。诸城垣上虽探出城门址八座（甲城两座、乙城两座、丙城四座），但各门缺口狭窄，均为一个门道。城内仅发现二十余处小型夯土建筑台基和一些道路、水池。这些实物资料形象地表明，金墉城实为一座自成一体、相对独立的城堡式建筑。它雄踞于大城西北隅之全城地势最高处，又大部分凸出于大城北垣之外，与大城北垣东段向北凸出部分构成掎角之势。金墉城的丙城和禁苑紧密相连，出丙城南门即是承明门内大道，由此可以直达宫城，这既说明金墉城同皇宫关系密切，又表明，它主要是为了保证最高统治者的安全而设置的。

同时我们也注意到，早在曹魏明帝时，金墉城就具有某些离宫的性质，自魏末以降，这里逐渐成为容纳废帝、废后的场所，至赵王伦迁惠帝出居金墉城，它便取得了永昌宫这一正式的宫名。北魏孝文帝迁洛之初止跸于此以后，金墉城已成为当时的别宫，文献中也直呼其为金墉宫。据出土墓志记，北魏诸帝之妃嫔夫人，如文成帝夫人于仙姬，献文帝成嫔，宣武帝第一贵嫔夫人司马显姿、贵华夫人王普贤，都曾居住金墉。史实说明，较之永昌宫，北魏金墉宫不仅建筑级别大有提高，其在实际生活中的作用，也远在前者之上[13]。

4. 关于北魏修建外郭城

对北魏洛阳外郭城的兴建，前文已经从文献记载和考古勘察两个方面作了说明，这里要进一步阐述的，是我们对北魏修建外郭城的一些认识[14]。

首先，北魏洛阳外郭城的出现，显然是扩大城市规模以适应历史发展需要的必然结果。早在汉、魏、晋时期，洛阳城外已有相当数量的居民，且不说灵台、明堂、辟雍、太学所在的城南地区人口定然不少，其他关厢地带也是人口集中的区域。据《洛阳伽蓝记》记载，汉上东门（魏晋称建春门）外，不但有牛马市这一热闹非常的商市，而且在七里桥以西，犹可看到自西至东排列的四个里坊的名字。在城西，有著名寺院白马寺和权臣梁冀范围廓大的私家园林。城北之广莫门外上商里，在汉代已有民居，时称商里。逮及北魏迁洛，洛阳人口急剧增加，景明二年（公元501年）于汉至晋代洛阳城外广筑里坊、修建外郭城垣，便成了时务之所需。

其次是，由于科学技术的进步，改造自然的能力随之增强，为利用复杂的地理条件进行城市建设提供了基本保障。外郭城形成以后，城区范围一下子增加了数倍，将西起长分沟、东至七里涧以东，南自伊河岸、北到邙山之巅纵横各约10公里的广大地域，统统置于城区之内。郭城内地形复杂，起伏明显，即使不将最高部位郭城垣一带包含在内，仅伊、洛河之间地区与金墉城北部的高差，即超过 30 米。洛河又从城区内穿过，地势低，易造成水患，必然会带来一系列的麻烦。北魏洛阳城城市建设难度之大，由此可以想见。而城市建设可能遇到的难题中，最困难的是如何解决城市用水和避免洛河水患问题。据文献记载可知，自东汉以来，人们就一直致力于这方面的探索和实践。先是采用开渠引水的办法解决城市用水，北魏迁洛之初，又成功实施了与之配套的堰洛工程。这不仅使上述难题得以化解，还为交通运输和经济繁荣发展创造了诸多有利条件。如若没有科学技术的进步，没有这项综合性水利工程，这一切都是不可能的。

北魏修建外郭城后，洛阳城由内到外便有了宫城、内城（同汉至晋代洛阳城）、外郭城三重城垣，这在我国古代都城发展史上尚属时间较早的实例，应当予以重视。然从外郭城的城垣遗迹看，其夯筑质量不高，工程相对草率，城垣外侧迄未发现马面或其他附属防御设施。考古勘探中虽曾发现几处可能属于门址的缺口，文献中却未留下任何一个确切无疑的外郭城门之名。有关争战的记载也无只字提及外郭城者。《洛阳伽蓝记》卷三所谓"七里桥东一里，郭门开三道，时人号为三门"的三门，似不能以正式门名看待，至多是当时人们的习惯性称呼而已。该书之所以特意写到它，并非因为它对于城防多么重要，而是由于"京师士子，送去迎归，常在此处"。所有这些，无不表现出其时外郭城尚未达到成熟阶段，不完全具备其后时代都城之郭城的设置和功能。此时修建外郭城垣的出发点，似乎主要不是为了建立抗御外敌攻击的第一道防线，而是像前引景明二年广阳王嘉表请于京师四面筑坊三百二十时所说，"虽有暂劳，奸盗永止"，目的仍在便于管理、控制坊内的居民。北魏都洛后，既大规模修建外郭城里坊及城垣，同时又着意强化内城防御设施，也显示了同样的旨趣。

另外，关于北魏洛阳城的里坊数，各书记载不一。除前引《魏书》广阳王嘉传和世宗纪分别记作三百二十和三百二十三坊外，《资治通鉴》卷一四四"齐纪十"所载亦为三百二十三坊，《洛阳伽蓝记》卷五则记作二百二十里。过去多以为二百二十里为三百二十里之误，近年有人认为"《魏书》说的是洛河南北的规划里数，包括发展预留地；杨衒之说的是洛河北的已规划里数和洛河南的四夷里，没有包括远期发展预留地。因此，两者应该认为是统一的"[15]。但早在20世纪60年代就有学者在讨论北魏洛阳规划时提出不同意见，认为北魏杨衒之的记载应是准确的，《魏书》、《资治通鉴》成书晚于《洛阳伽蓝记》，所记里坊数不同于《洛阳伽蓝记》，属传抄之误[16]。在80年代开展的北魏洛阳外郭城探讨中，也有人持类似意见，认为"《洛阳伽蓝记》所述二百二十里，是指洛河以北实有里坊数而言"。"在洛河以北东西二十里，南北十五里的范围内，按方三百步为一里计算，共可排满三百个里坊的总数内，若减去上述被多占的里数（此指被庙社宫室府曹占去的里数），二百二十里是比较接近于实际的里坊数"[17]。这是一种较为合理的解释。

注　释

[1] 曲英杰《先秦都城复原研究》，黑龙江人民出版社，1991年版。

[2] 杨宽《中国古代都城制度史研究》，上海古籍出版社，1993年版。

［3］ 同［1］，132 页。

［4］ 关于上述文献记载的辨证参见段鹏琦《汉魏洛阳城的几个问题》，《中国考古学研究——夏鼐先生考古五十年纪念论文集》，文物出版社，1986 年版。

［5］ 中国科学院考古研究所洛阳工作队《汉魏洛阳城初步勘察》，《考古》1973年第 4 期。

［6］ 中国社会科学院考古研究所洛阳汉魏城队《汉魏洛阳故城城垣试掘》，《考古学报》1998 年第 3 期。

［7］ 宿白《北魏洛阳城和北邙陵墓——鲜卑遗迹辑录之三》，《文物》1978 年第7 期；孟凡人《北魏洛阳外郭城形制初探》，《中国历史博物馆馆刊》1982年第 4 期。

［8］ 中国社会科学院考古研究所洛阳汉魏城工作队《北魏洛阳外郭城和水道的勘查》，《考古》1993 年第 7 期。

［9］ 中国社会科学院考古研究所洛阳汉魏故城队《汉魏洛阳故城金墉城址发掘简报》，《考古》1999 年第 3 期。

［10］ 同［4］。

［11］ 段鹏琦《汉魏洛阳故城形制浅议》，《洛阳博物馆建馆四十周年纪念文集（1958～1998 年）》，科学出版社，1999 年版。

［12］ 中国社会科学院考古研究所汉魏故城工作队《洛阳汉魏故城北垣一号马面的发掘》，《考古》1986 年第 8 期。

［13］ 同［4］。

［14］ 同［4］。

［15］ 王铎《北魏洛阳规划及其城史地位》，《河洛文化论丛》第一辑，河南大学出版社，1990 年版。

［16］ 何炳棣《北魏洛阳规划》，清华大学出版社（台北），1965 年版。

［17］ 孟凡人《北魏洛阳外郭城形制初探》，《中国历史博物馆馆刊》1982 年第 4 期。

三　汉魏洛阳帝都的城市概貌

如前所述，汉魏洛阳城曾经是东汉、曹魏、西晋、北魏四个朝代的首都，时间跨度长达五百多年。在此期间，城市面貌发生了翻天覆地的变化，是我国古代都城发展史上一个非常重要的阶段。考察汉魏洛阳城遗址的长远目标，应是通过考古勘探取得各个朝代的城市建筑基本布局平面图，借以复原不同时代的城市风貌，并从中总结出我国古代都城发展史上一些带有规律性的东西。

由于历代都城相沿使用同一城址，从而在遗址保存状况方面形成以下两个特点：一是，较早时期的建筑基址，在以后的时代里被改建或被严重破坏者随处可见；二是，晚期建筑往往因旧就废建成，基址内羼入杂物太多，质地普遍较差。总的看来，城区内保存较好的遗址不多。考古工作经常遇到的，是晚期以至最晚期的建筑基址，较早时期的建筑遗迹，所见甚少，且有的已被分割的支离破碎，难以究明其原有形制和性质。加之开展考察工作的时间仍不算很长，资料积累有限，目前要全面复原各个时代的建筑布局，实不可能。这里仅就迄今之所见，简略记述各个时代城市布局的某些特点，有些甚至只能算是根据有限实物资料结合文献记载进行的初步探索。

（一）东汉洛阳城城市布局

就考古工作的现状而言，探讨东汉洛阳城城市布局的重要依据，应是业已发现的城门遗址和城内的主干道路。此外，还有城内外重要建筑的发现和对宫殿区所在部位的探讨。

1. 城门、道路及城内交通状况

根据文献记载，东汉洛阳城共有城门十二座。城址考古勘探已经确认，在探出或得以复原确定的全部十四座门址中，北城垣上的两座、东城垣上的三座、南城垣上的四座，皆为汉至北魏相沿使用，唯其门名随时代而有所不同。如前所述，北城垣上的两座城门，自西至东依次为汉夏门和谷门；东城垣上的三座城门，自北而南依次为汉上东门、中东门和望京门；南城垣上的四座城门，自东至西依次为汉开阳门、平城门、小苑门和津门。西城垣上的城门门址，各代区别较大，在已探出的五座门址中，南数第一门和第四门为历代所沿用，分别是汉广阳门和上西门，汉代的另一座城门，应是南数第二座门址，时名雍门。按《水经注·谷水》的说法，此门在北魏太和（公元477～499年）中因其"邪出"被废，而于其北辟地另建西阳门，以与东城垣之东阳门（汉中东门）直对。汉雍门和北魏西阳门尚未发掘，然由勘探资料知，汉雍门址南距广阳门约880米，北距北魏西阳门约500米，较东垣之北魏东阳门确实偏南了许多，北朝人称其"邪出"符合实际情况。

对汉魏洛阳城内外、尤其是城内的纵横主干道路的时代，尚未来得及逐一分段确定，但鉴于东汉洛阳城的十二座城门，除东城垣之望京门和上东门分别与西城垣之广阳门和上西门直对外，其余东、西或南、北城垣上的城门门址绝无直对者，其间又有南北宫阻隔，由此可以想象，东汉洛阳城的主干道路，多数不是笔直的贯通全城，当有较多的丁字路口存在。像唯一一条时代单纯的汉雍门大道，在城内的残存长度只有50余米，走向不斜，呈正东西，指向复原图中的南宫区，便是一个最为明显的实例。这大概即是东汉洛阳城主干道路同北魏洛阳城的最大差异。《续汉书·百官志四》注引蔡质《汉仪》称："洛阳二十四街，街一亭。"或者正是在城内直通道路较少的前提下，将每两个大路口限定的一段干道视为一街这一历史状况的真实写照[1]。

《洛阳伽蓝记·序》说，洛阳城门"一门有三道，所谓九轨"。《太平御览》卷一九五引陆机《洛阳记》又说："宫门及城中大道，皆分作三。中央御道，两边筑土墙，高四尺余，外分之。唯公卿尚书章服从中道，凡人从左右，左入右出，出入不得相逢。夹道种榆槐树，以荫行人。"根据北魏建春门遗址的发掘看来，文献关于洛阳城门及道路的记载，应该是可信的，而且很可能是汉代已然[2]。这座城门遗址南北长 30、东西宽（即进深）约 12.5 米。门之南北两侧横截城垣夯土为壁，其间布置两道东西向夯土隔墙，构成一门三洞的形制。各门址夯土土质纯净、坚实，未见增筑痕迹，约为沿用汉以来旧基。各门洞大体同宽，约为 6 米。门洞内原皆有大道通过，因后世流水冲刷，中门洞道路已荡然无存，但南北二门洞内尚残存排叉柱、门槛石以及车辙的遗迹。在北门洞之北魏路土层下还叠压着一条以砖石构筑的排水暗沟，沟宽约 1.8、深约 2.8 米，底部铺石。其使用年代为汉至晋代，北魏时已遭废弃且被填平。它表明，汉魏洛阳城从汉到西晋一直沿袭着西汉长安城将排水道建于城门洞下方的传统。由西汉长安城城门建筑结构和此门残留的建筑遗迹约略雷同推断，东汉洛阳城门洞同样是采用了靠排叉柱和夯土壁支撑的大过梁式结构。另据勘探，由城内通往此门的大道，宽达 35～51 米。即使按最小的数字 35

米计，将路面分作三道，也完全是可行的。

以上各项分析，说明了这样一个基本事实：东汉洛阳城内，路面虽然宽广，管理措施亦属严密，但因丁字路口多，道路仍不太畅通，交通不是十分便利。这种现象的背后，蕴含着深厚的政治、经济因素，应是其时城市布局的一种时代特点。

2. 宫殿区研究

东汉洛阳城市布局的另一重要特点，是与西汉长安城相比，宫殿区相对集中，呈现南宫和北宫南北对峙的格局。

按《括地志》洛州洛阳县引顾野王《舆地志》的说法，洛阳城"秦时已有南、北宫"，则该城的南、北宫对峙格局并非肇始于两汉，而很可能是在春秋末年以来两次大规模扩城过程中逐渐形成的。文献关于东汉营建南宫或北宫的记事，大约只是在故城旧基上实施一定规模的扩充、重建而已。

东汉洛阳城的南、北宫遗址，至今尚未得到全面勘探和发掘，无由准确把握其具体形制和范围。80 年代初，王仲殊曾根据汉魏洛阳城道路网勘探资料和有关文献记载，对二宫的位置和范围作了复原研究，认为"在洛阳城的南部，中东门大街之南，秏门——广阳门大街之北，开阳门大街之西，小苑门大街之东，有一片范围广大的长方形的区域，应该便是南宫的所在"。其范围应为南北长约 1300、东西宽约 1000 米，面积约 1.3 平方公里。"在洛阳城的北部，中东门大街之北，津门大街之东，谷门大街之西，有一片范围广大的长方形的区域，应该便是北宫之所在"。"它的位置在南宫之北，而略为偏西"。其范围，应为南北长约 1500、东西宽约 1200 米，面积约 1.8 平方公里。他认为，南北二宫间的距离，应为一里，而不是像文献所说的七里[3]（图九）。

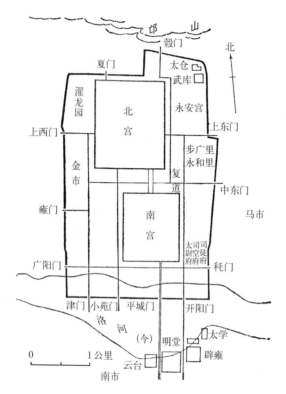

图九 东汉洛阳城平面图

（采自《考古》1982年第5期王仲殊《中国古代都城概说》）

王仲殊的看法，似乎比较接近实际，理由有以下三点：

其一，魏晋以至北魏时期的洛阳城，城市布局皆由东汉洛阳城脱胎出来，其性质当类似于后世的旧城改造，即使对前代城市建筑曾作出较多改变，但在绝大多数城门位置不变的情况下，大的框架仍不会发生全局性的变动。因此，以汉魏洛阳城内主干道路的分布状况为基础，探索汉代南、北宫的位置和范围的研究方法是科学的。

其二，从文献记载看，后代洛阳的宫城应是在汉北宫的旧址上建造起来的，故将汉北宫置于后代宫城所在的位置，似不会有什么大的问题。至于复原图中南宫之所在，同文献记载也毫无牴牾。《续汉书·百官志四》本注称："洛阳城十二门。其正南一门曰平城门，北（对）宫门，属卫尉。"刘昭注引《汉官秩》曰："平城门为宫门，不置候，置屯司马，秩千石。"说明南宫应在平城门内且距城门有一段距离。研究复原的南宫，其位置正与这一环境特征相符。

其三，迄今为止，在这一带发现的汉代建筑或道路遗迹，也无与复原研究意见相矛盾者。1982 年秋，加固洛河北堤时，曾在城内靠河堤之龙虎滩村周围取土，致使村北和村东西两端的古遗址受到大面积破坏。其取土范围，正当耗门—广阳门大道南侧。村北取土现场，暴露出一些汉代建筑遗迹，计有小型房舍、水井、排水管道等，未见宫墙及大型建筑基址。唯在村东接近东城墙处见有战国至西汉的大面积夯土暴露，但这里已明显不属于南宫的范围。1994 年秋，配合 310 国道（原郑洛公路）汉魏洛阳城内段局部改线工程，曾对北魏铜驼街也即汉小苑门大道进行解剖。解剖沟开在复原研究拟定的南宫范围西侧，东西长近百米。沟内从上到下清理出北魏到汉代层层叠压的路土以及与道路相关的建筑遗迹，也未见宫墙和大型建筑基址。这表明，北魏铜驼街实与汉小苑门大道的位置、走向基本一致。汉南宫的西界，超不出这条南北大道而在其西。

根据这项研究，汉代南、北宫的面积已达 3.1 平方公里，如加上见于记载的永安宫、濯龙园等宫苑，则以南、北宫为主的宫殿区所占面积肯定将超过全城面积的三分之一[4]。因此，可以这样说，宫殿区在东汉洛阳城所占比例，虽较西汉长安城大大缩小，但与此后的历代都城相比，依然显得过大了一些。这也许正是东汉洛阳城的又一时代特点。

3. 城内外宫殿区以外的建筑

如上所述，东汉洛阳城内道路及宫殿区以外的地区，最多不到全城面积的三分之二，又大量为各类官府以及太仓、武库、商市所占据，居民里坊大约不会很多，达官贵人宅第应占较大比例。见于文献的此类内容甚少，多数仅存名号，有地望可考者更是寥寥无几。现仅知，太尉府、司空府、司徒府位于开阳门内；太仓、武库位于城内东北隅；在北宫西南有洛阳三市之一的金市；上东门内大道南有步广里和董卓宅所在之永和里。此外，权臣梁冀在城内也有甲第。1962 年勘探城内东北隅时，曾发现南北两组大型建筑遗址。南侧一组建筑，整体近似方形，南北长约 199、东西宽约 142 ～ 186 米，四周建有夯筑围墙，中有聚集成组的夯土台基和独立的较大建筑基址。北侧一组建筑，包括东西相对的两座方形院落。居西一院，作南北长方形，长约 100、宽约 70 米。居东一院，整体作方形，长、宽各约 50 米。二院落四周皆有夯筑围墙，但其内涵却大相径庭。东院内未见任何建筑物，西院中则分布着至少五座大小有差的建筑台基。尤为引人注意者，是在东西两院落之间，有一座叠压在汉代层下的大型东周墓。《水经注·谷水》曾有"景王冢在洛阳太仓中"一语，所记现象正与此相同。因此，这两组大型建筑遗址虽尚未发掘清理，但由其位置和地望可作出初步判断，它们有可能就是当时的武库和太仓[5]。

据文献记载，当时在洛阳城周围，最高统治者同样精心营造了为数众多的宫、观、亭、苑，近城地带，更是各种重要礼制建筑的所在地和一些人口较为密集的居民区。重要礼制建筑，如北郊兆域显然位于城北，圜丘、灵台、明堂、辟雍则地处城南。著名的东汉太学，也在城南无疑。人口较为密集的居民区，至少有以下几处：位于城东北角的上商里，不啻为侥幸流传下来的居民里坊之一；洛阳三市金市以外的马市和南市，也应是居民聚集的区域。另据《洛阳伽蓝记》卷四载，城西之西阳门外三里御道南有汉明帝所立白马寺。西阳门外四里御道南有北魏洛阳大市，周回八里，"市（东）南有皇女台，汉大将军梁冀所造，犹高五丈余"。"市西北有土山鱼池，亦冀之所造，即《汉书》所谓采土筑山，十里九坂，以象二崤者"，为当时有名的私家园林。对城外这些建筑遗迹，大多仅作过一般性地面调查，个别经过勘探或发掘，从中发现了一些值得注意的线索。在城东北角曾发掘过殷商遗址，表明其确为"殷顽人所居"处，基本可以肯定此地即汉代上商里。北魏建春门（即汉上东门）外，历来为居民密集区，曾为周朝时马市（或称牛马市）所在地，汉代马市或许也在此处。据勘察，汉代白马寺即今白马寺的前身，而梁冀所筑皇女台及私家园林俱应在今白马寺以西。皇女台约与 1987 年发掘之东汉墓园遗址有密切关系[6]。其私家园林，依地形、地貌看，则位于今地名呼作瓦渣岗的高地及其以西地区。北郊兆域约在城北邙山上，地近北魏洛阳外郭城垣。圜丘遗址，据宿白告知在城南今王圪垱村以南之伊河滩，20 世纪 50 年代基址犹在，70 年代再往调查，其处已是满眼黄沙，踪迹无存。南市故址，因后世洛河泛滥、改道等原因，今已难以探寻，但灵台、明堂、辟雍、太学等遗址，却基本完整地保存下来。它们坐落于今洛河南岸的古亳坂上，自西至东一字排开。这几处大型建筑遗址俱已进行过重点发掘。

历年来的勘察实践显示，当时的手工业遗址主要分布于城外。但至今被清理的，几乎全是砖瓦窑址，只有个别窑址可能专烧陶质器皿，其他手工业遗址尚未被揭露。分散存在的砖瓦窑址，城周围屡见不鲜，而规模庞大的大型东汉砖瓦窑场却仅见到城东之西罗洼村附近的一处。这处窑场东西、南北各长约数里，其间窑址相当密集。据说，附近还有可能属于管理机构的大面积建筑，应是当时的大型官办窑场之一。

（二）魏晋洛阳城城市布局

从东汉以至于曹魏、西晋，改朝换代都是通过禅让这种较温和的方式，按说都城的城市布局或无大的改变，魏晋洛阳城有可能是在基本承袭东汉洛阳旧貌的基础上有所发展变化而已。然由于有关考古材料较少，对魏晋洛阳城的城市布局，尚无法说得十分清楚。目前，已经较为明确的，可有以下三点：

一是，魏晋洛阳城的范围，略同于东汉洛阳城，唯城外居民区的占地面积有所扩大。

二是，魏晋洛阳城诸城门仍沿袭东汉洛阳城之旧。城内主干道路宽阔，交通状况当如前引陆机《洛阳记》所说。

三是，城内外不少设置和重要建筑，如金市、马市等商市以及灵台、明堂、辟雍、太学、国学等，都是仍沿袭东汉之旧或者是在东汉旧址上重建，也有一些大型建筑或设施，显为魏晋所新立或者是移址新建而成。其中，新立类建筑实例，有建于大城西北隅的金墉城以及大城西北二城垣外侧附建之马面等。移址新建类建筑较为明确的例子，则是祭天之圜丘。金墉城及诸马面遗址，此处不复赘述。

关于曹魏之营建圜丘，《三国志·魏书·明帝纪》曰：景初元年（公元 237 年）冬十月"乙卯，营洛阳南委粟山为圜丘。十二月壬子，冬至，始祀。"依此知，曹魏圜丘不再处于伊水之阳，而是因委粟山而建。委粟山地属阴乡，《魏氏春秋》曰："有委粟山，在阴乡，魏时营为圜邱。"其地当在大山之北，按今日之地望估猜，应在故洛阳城南熊耳山北麓。1983 年秋，沿熊耳山北麓进行考古调查，于大谷关西北，今偃师市李村乡南宋沟村北二三百米处，发现一座独立存在的小山峰，名为禹宿谷堆。此山传为大禹治水时的歇息处所，其南不远即是熊耳山支脉万安山。禹宿谷堆略呈方锥形，底部最大径约 500、高才 50 米，表面多为黄土或杂草覆盖，部分山坡和山顶山岩裸露。山顶略呈平台状，面积约 20 平方米，旧有一座禹王庙，今庙已无存，唯见一件残碑座。由山顶向下看，山坡上隐约显现出层层平台的样子。在山顶和北坡，曾捡到绳纹板瓦、绳纹筒瓦、斜绳纹砖、席纹砖残块等汉晋遗物。我们推断，此山即曹魏圜丘所在之委粟山[7]。理由是，其山形如粟堆，且处于万安山之北，与阴乡的地望相符。其处有汉晋遗物，说明其地曾有过汉魏时期的建筑。从语言方面分析，禹宿与委粟似有一定的渊源关系：委，可作堆积、丢弃解；在土语中，遗、禹音近，粟、宿同音，故而把委粟讹传为禹宿是完全可能的。如果推断不错，那么曹魏的圜丘恰在紧临洛阳平城门至大谷关这条南北轴线的西侧，距城约 25 公里。至晋代，情况似乎发生了变化，按《晋书·礼一》的说法，是晋武帝泰始二年（公元266年）十一月，"庚寅，冬至，帝亲祠圆丘于南郊。自是后，圆丘、方泽不别立"。

另外，在十多年前讨论南宫兴废问题时，为探讨南宫废弃时间曾注意到以下诸事：

一是，自董卓胁迫汉献帝迁都长安，"焚洛阳宫庙及人家"，二百年繁华帝都，一朝化为灰烬，赫赫南宫，从此一蹶不振。南宫之名，也随之在文献中消失。《三国志·魏书》及《晋书》凡讲到洛阳之魏晋宫室，皆不分南北，统统以"洛阳宫"称之。这是一个十分重要的变化，它是否说明魏受汉禅后，曹氏即放弃劫余之南宫，而重点以汉北宫为基础再建宫室呢？

二是，在曹魏之世，自文帝黄初元年至明帝青龙三年近十年内，曾大兴土木"初营洛阳宫"、"大治洛阳宫"，而西晋一代，或由于受魏之禅，未遭战火摧残，宫室多仍曹魏之旧，于洛阳宫室并无多大建树，说明魏晋洛阳宫的规模实确立于曹魏初期。经过对文献记载魏初所建宫殿建始殿、陵云台、崇华殿（后改名九龙殿）、太极殿、昭阳殿及总章观方位的辩证，虽不能确证曹魏所筑宫殿无一不在汉北宫范围内，但至少可以说明曹魏实无全面恢复汉南宫的迹象，而是以汉北宫为基础营建皇宫的。我们说曹魏以汉北宫为基础营建皇宫，并不意味着魏宫全部因袭汉北宫旧域，相反，我们认为魏在汉北宫基础上营建新宫，在某些部分扩大或者缩小其范围、甚至改变整个宫城的形制是完全可能的。

三是，《三国志·魏书·曹爽传》有这样一段记载：正始十年（公元249年）正月，爽从车驾朝高平陵，宣王（司马懿）勒兵马出屯洛水浮桥，并奏爽罪，爽得宣王奏窘迫不知所为。大司农沛国范桓闻兵起，矫诏"开平昌门……略将门候南奔爽"。由此知，魏正始时平昌门已置门候，与汉于此门置屯司马异。既置门候，足见此门已不再兼作宫门，表现了南宫严重衰落的情景。

由此我们得出的看法是，汉魏洛阳城南宫，在曹魏都洛时期，即使不一定全部废弃，也已经大大衰落，至少不能同以前一样以与北宫抗衡的地位发挥作用了。从这个意义上可以说，曹魏都洛时期南北宫对峙的情况实质上业已结束[8]。现在看来，这种看法有可能是偏于保守了。关于这一点，只要看看曹魏邺城（即邺北城）近些年的考古发现，尤其是通过考古勘察证明，此城从建春门至金明门的东西大道，将整个城区分成南北两大部分，道北为戚里、宫殿区和铜雀园之所在，道南为面积广大的里坊区，从而形成了把宫殿及禁苑集中置于城区最北部，而和里坊区断然分开的新型城市布局。再看看曹魏都洛初期，为强化宫殿区防御体系，而将注意力放在大城北部，在大城西北隅营建金墉城，于大城西垣北段和北垣外侧修建马面，并重建大夏门、大修芳林园等等。两相对照，问题也就显得比较清楚了。

鉴于宫殿区分布状况的变化，将对城市布局产生极其深刻的影响，所以，查明其时南宫的命运和宫殿区的范围，应是深入考察魏晋洛阳城城市布局的关键一环。

（三）　北魏洛阳城城市布局

目前对北魏洛阳城市布局的了解，较东汉和魏晋洛阳城要清楚得多。对这座由包括宫城在内的内城（即汉至晋代洛阳城）和外郭城组成的北魏洛阳城，既有关于城门和城内主干道路、各种主要建筑以及寺院、商市的考古发现，又有《洛阳伽蓝记》、《水经注》等较为丰富而翔实的文献记载，这就为勾画该城城市布局的轮廓，提供了极大的便利。这里拟分宫城、内城、外郭城等三个部分，描述北魏洛阳城城市布局的特点。

1. 宫城

北魏洛阳城毫无疑问是实行单一宫制，前述勘探发现的宫城遗址，主要应是北魏宫城的遗基（图一〇）。

它坐落于内城的北中部而稍偏西，当系以汉北宫为基础营建而成。如前所述，宫城平面基本上是规整的长方形，南北长约1398、东西宽约660米，面积约为内城总面积的十分之一。整个宫城区，地势较周围稍稍隆起，地面已无宫墙遗迹，但地下犹存墙基。据勘探，宫城南墙，全长约660、宽约8～11米，在距西南城角约180米处有一座门址。城墙上的城门豁口宽约46米，豁口内侧连着一组大型建筑，是全城诸门址中形制最大者。其间保存着纵贯门址的路土以及由白灰墙皮与砖瓦等构成的堆积，当地人称其为"午门台"，曾因翻地多次于门址南侧发现青灰色石灰岩质巨型条石。条石为长方体，长可达1米余，高、宽均在0.5米左右。此即当年宫城南面的正门阊阖门。宫城西墙，全长1398、南段宽约13、北段宽约20米。西墙上共发现两座门址。1号门址在墙之中段略偏北，南据西南城角约750米，城门豁口宽约25米，形制较大。2号门址在西墙北段，南距1号门址约310米，北距宫城西北角约300米，城门豁口宽约7米，形制较小。宫城东墙，近东北城角处因水位高无法探明，已探出长度为1284、墙宽4～8米。在墙

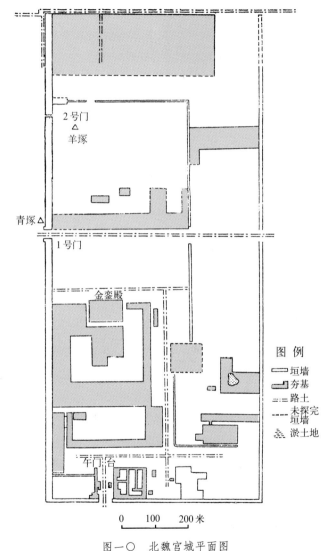

图一〇 北魏宫城平面图

（采自《考古》1973 年第 4 期《汉魏洛阳城初步勘查》）

中段与西墙 1 号门址直对处，也发现一座门址，因保存不好，形制、结构不明。宫城北墙未曾发现门址。宫城之内，宫殿遗址颇为密集，已发现夯土建筑基址二三十处，且见有上下叠压关系。由宫城往北直至内城北垣，应即宫廷禁苑华林园的所在地[9]。

从研究宫城内建筑布局考虑，有两点值得注意。其一，由内城建春门通往阊阖门的主干大道，经由西墙 1 号门址和东墙门址横穿宫城，将其划分为前后两部分。其二，从西墙 2 号门址北侧起直到宫城南门以北，筑有一道 Z 字形夯土墙，将城内绝大部分地面分隔为东西二区。西区占地较宽，宫殿基址密布，通过宫城南门的南北向道路，与在宫城北部发现的南北向道路互为延长线，应是纵贯该宫殿区的建筑轴线。该区前部有一个拱卫太极殿的宫殿群，宫内主殿太极殿当地人称作"金銮殿"或"朝王殿"，正位于这条建筑轴线上。该区后部，也有一组建筑，有人考证此即"西游园"[10]。东区建筑基址甚少，仅探到四处，在建筑之间发现有范围较大的水池遗迹，和西区大异其趣，表现出较浓厚的园林意味。

2. 内城

北魏洛阳内城的布局同汉、魏、晋洛阳城的显著区别，除扩建金墉城外，最值得提出的也有两点[11]：

一是在宫殿区集中于内城北部之后，大大扩大了城内里坊区的面积。为改善城内交通状况，早在迁洛之初即堵塞了以往用以交通南宫的汉雍门，而于雍门之北约 500 米处辟建西阳门。西阳门与东城垣之东阳门直对，二门之间道路畅通，成为经由宫前的主干横道。同时，为加强金墉城、宫城和城西王南寺之间的联系，又于金墉城南之内城西垣上辟建承明门，并开辟了承明门大道。至此，北魏内城之十三座城门间皆有大道连接，由连接诸城门的八条纵横干道，形成城内无所不至的交通网络，使交通比汉、魏、晋诸代方便得多。《洛阳伽蓝记·序》关于北魏洛阳"一门有三道，所谓九轨"的记载，已被建春门遗址的发掘所证实。考古勘探资料又表明，城内诸道中，最宽的横道是横穿宫城的阊阖门至建春门大道，最大宽度约为 51 米，其次则是经由宫前的西阳门至东阳门大道，最大宽度约为 41 米；最宽的纵道，应数由宫城南门阊阖门直通内城南垣宣阳门的铜驼街，最大宽度约为 42 米[12]。从以后开解剖沟了解的情况看，铜驼街的实际宽度，恐怕大大超过此数。需要指出的是，铜驼街对于北魏洛阳城的城市建设又具有特殊意义，它不仅是宫城内建筑轴线在内城区的延长，向南还将通过洛水浮桥而直指极南的大谷，起着整个洛阳城建筑轴线的作用。也就是说，铜驼街实为北魏洛阳城纵向建筑轴线的一个组成部分。

二是伴随城区扩大和外郭城的修建，北魏洛阳内城里坊区的内容、结构也在发生变化。为满足皇宫安全和统治阶级队伍扩大、机构不断增多的要求，撤除了宫城西侧的市场金市。城中除保留有数座与皇室密切相关的寺院外，其余大量寺院，统统置于郭城之中。与这一趋势相反，内城之内官署、池沼、园林的面积却在与日俱增。宫南沿铜驼街两侧，有左卫府、右卫府、太尉府、司徒府、宗正寺、将作曹、护军府、九级府以及御史台、昭玄曹等中央衙署和太庙、太社。宫东有翟（狄）泉，又有河南尹和勾盾、典农、籍田三署，籍田南为司农寺，更南有太仓、导官二署。宫西有濛汜池，还有武库、乘黄二署和太仆寺。宫北地面则为禁苑所据。这样，不仅使皇宫处于百官衙署和皇家禁苑的拱卫之中，而且城内广大里坊区也成了以官府为主体的特殊区域。尤其是铜驼街两侧的布局，不禁使人感到，北魏洛阳的内城已具有某些如同后世皇城的性质。

我们还注意到，北魏洛阳内城的建设，系在魏晋洛阳城的基础上进行，自然会同后世的老城改造一样，受到历史形成之各种条件的限制。因此，内城中的里坊难以做到整齐划一，每坊皆为方三百步。这不仅可以由内城中主干道路网并非规整的棋盘式格局作出一般性判断，北魏洛阳永宁寺遗址的勘察和发掘，更为这种论断提供了具体证据[13]。据《洛阳伽蓝记》卷一"永宁寺"条记载，"其寺东有太尉府，西对永康里"。据勘探、发掘资料，永宁寺寺院本身东西宽 212 米。由寺院西墙向西 36 米，为津阳门内大街。由寺院东墙往东 36 米，有一条南北向道路，路宽 11 米，被认为是永宁寺与太尉府间的坊间道路。依此，永宁寺所在坊宽 280 余米，这个数字，大大小于由津阳门大道西侧至内城西垣的距离，也即北魏永康里的宽度。

如以永宁寺所在坊的宽度与太尉府所在坊相比，更有意思。据汉魏洛阳城平面实测图，永宁寺遗址东距铜驼街 200 余米。这表明太尉府所在坊的宽度将不会大于此数，最多只能与永宁寺所在坊近似，有可能比永宁寺所在坊更小一些。由此使人想到，在北魏洛阳宫城南、沿铜驼街两侧，是否也像后来之唐长安城那样，各有两排面积较小的里坊存在呢？这同样是关乎我国古代都城里坊制度演变的重要问题，在今后的考察工作中应当给予特别的关注。

3. 外郭城

北魏迁洛初期，在京师四面广筑里坊并修建外郭城垣后，外郭城内便迅速发展成为北魏洛阳的主要居民区。当时的洛阳三大市场全部置于其中：大市在西郭城，包括市场及其周围十个里坊的广大地域；小市在东郭城，旁侧也有与市场相关的坊里；四通市在南郭城，临近洛河浮桥（永桥）和四夷馆、四夷里，是伊、洛水产及海外奇珍异宝的贸易中心。此外，郭内其他地方还有一些工商业相当发达的地区。建春门外故常满仓处，北魏辟为租场，成为天下贡赋聚蓄之地。诸里坊内，建有为数众多的寺院、官署以及官僚、贵族宅第，著名的宗室成员聚居地寿丘里，即西郭城的最西部。景明二年，还以汉圜丘为基础改筑圜丘。显然，郭城已成为北魏洛阳的重要组成部分，在政治、经济和文化生活中占有举足轻重的地位。

学术界关于北魏洛阳外郭城的研究牵涉到的问题，主要有两个，一是外郭城北魏的范围和形制，二是北魏洛阳的里坊制度及其分配、管理。

关于北魏外郭城的形制和范围，80 年代末以前，主要有两种意见：多数学者认为，洛阳外郭城的形制，犹如一个倒写的"凸"字，即在南郭的中央有一跨过洛水的前凸部分；另有一些学者不仅同意此说，还进一步推测认为，北魏外郭城南北的长度，很可能还有和东西同长的延展拟议，即规划上的洛阳外郭城形制是一个大的正方形[14]。这两种意见共同认为，北魏洛阳外郭城的范围是兼括洛水南北两岸的。80 年代末，有人发表了一种不同于前述学者的新看法，认为"北魏洛阳外郭城的形制基本上是个东西宽、南北窄的长方形，其范围限在邙山以南、洛水以北大约三百平方里的地域之内。洛水以南诸里坊只是后来事实上形成的洛阳城之附庸，是处在郭城之外的一个附郭地带"。其推测，"当时南郭没有修筑郭墙，而是以洛水为天然郭墙"[15]。

关于北魏洛阳的里坊制度及其分配、管理，也有不同认识。宿白在讨论北魏洛阳郭城布局的特点时曾就此作过一番分析[16]。首先，他认为洛阳城"规整的一里见方的里坊，最为突出。《洛阳伽蓝记》卷五记：'方三百步为一里，里开四门，门置里正二人，吏四人，门士八人'。里坊的划分，是中原城乡旧制，但这样大面积整齐统一的部署和对里坊这样严格的管理，则为以前所未见"。在引述广阳王嘉请于京师四面筑坊表后指出，"可见洛阳兴建众多的规整的里坊，目的在于便于控制坊内的居民"。其次，他认为，"'后魏迁洛有八氏十姓，咸出帝族，又有三十六族，则诸国之从魏者。九十二姓，世为部落大人者，并为河南洛阳人'（《隋书·经济志·史部谱系篇后序》）。《魏书·高祖纪》又说：'以代迁之士，皆为羽林、虎贲。'因知北魏大规模迁洛，在组织上还有相当一部分保留着旧日的部落性质的军事编制。这部分既属羽林虎贲卫宿亲军，又都携带家口。如何既便于管理，又可以安排适当这样有组织的大批迁来者，恐怕也是洛阳郭城为数众多的规整里坊出现的主要原因之一"。说到洛阳里坊的分配，他援引寿丘里例指出，"皇宗所居如此集中，估计对于和皇宗亲近的其他迁洛族姓，以及其他族姓以外包括大批汉族官僚在内的各级官僚，也都有一定的规划"。至于如何规划，他依据《魏书·韩麒麟传附孙显宗传》所载显宗关于居民安排的一段议论说："可见洛阳里坊的安排，既照顾了族姓，也强调了官品。但无论族姓与官品，都只是里坊的编户。"他还认为，"里坊的管理权，最初明确地属于北魏都城地方官，……不久，治安大权又由皇室系统的武官过问"。"由此可知，北魏洛阳的里坊，形式上可以适应迁来的有组织的各族姓和各级官僚，管理上则已是封建制下的行政组织，而这个行政组织又辅有由中央直接统率的军管性质。后一点……大约是参考了以前平城的经验的"。孟凡人在研究北魏洛阳外郭城的形制时，曾就该外郭城里坊的形制、里坊的分布、里坊的排列、里坊的区划等问题表明了自己的见解[17]。他以文献记载为依据说明，"里坊除比较规整的一里见方者外，亦有大小不同的里坊并存"。"在规划都城时，里坊就有大小之别"。"北魏洛阳城里坊的分布不甚均衡"。"外郭城内的主要里坊区（即居民区），似乎应在城西、城东及永桥南圜丘北一带。但是在此三区中，有迹象表明城西、城东的里坊并非排得很满"。关于外郭城内里坊的排列，他与过去多数学者的看法不同，认为北魏洛阳城"是在利用、改造魏晋'九六'城的基础上兴建起来的，虽然在增筑外郭城时似有整体规划，但它受旧城规范的制约，很难完全按规划进行。比如北魏洛阳城的街道，从钻探实测图来看，远不如隋唐长安城规整。这样从整体上看，里坊的排列就失去了整齐划一的前提。……此外，还有很多因素影响里坊的整齐排列，……在此情况下，很难想象北魏洛阳外郭城的里坊在整体上能像隋唐长安城那样规整，更不用说排满一里见方的里坊，能如棋盘格一样整齐"。他还认为，北魏洛阳城的居民皆为里坊的编户。在里坊的区划上，"诸坊居民虽有混杂，但大致有一定的区划。从《洛阳伽蓝记》所反映的情况看，外郭城（包括洛河南）是由不同的生活区组成的，在每个生活区都设有市、寺，以满足居民经济和精神生活的需要。比如城西主要是皇宗贵族，鲜卑系大官僚等内迁者居住区，……城东主要为一般士庶和汉族官僚居住区，……城南宣阳门外御道东洛河北为

'三雍'所在，是'文化区'。永桥南圜丘北为安置从南方和'四夷'来的人口而设置的'侨居区'……里坊的分配也大致有一定的标准，比如有以'官位相从'为主（如城东的东安里、昭德里等）；有以族姓为主（如城西的寿丘里等）；有以一般士庶为主（如城东建阳里等）；有'分别伎作'设里坊（如城西大市周围的十个里坊，城东小市北的殖货里等）"。他总结说："北魏迁洛以后，在改造魏晋故城规划新都时，主要从安置人口、控制居民、加强防御、活跃经济等方面考虑，这几方面是影响外郭城形制和布局的主要因素。"

上述关于北魏洛阳外郭城的探讨，有益于今后外郭城考古勘察和研究的深入开展。

注　释

［1］ 王仲殊《中国古代都城概说》，《考古》1982 年第 5 期。

［2］ 中国社会科学院考古研究所洛阳汉魏故城工作队《汉魏洛阳北魏建春门遗址的发掘》，《考古》1988 年第 9 期。

［3］ 同［1］。

［4］ 同［1］。

［5］ 中国科学院考古研究所洛阳工作队《汉魏洛阳城初步勘查》，《考古》1973 年第 4 期。

［6］ 中国社会科学院考古研究所洛阳汉魏城队《汉魏洛阳城西东汉墓园遗址》，《考古学报》1993 年第 3 期。

［7］ 参见中国社会科学院考古研究所《中国考古学》魏晋南北朝考古卷（待刊）。

［8］ 段鹏琦《汉魏洛阳的几个问题》，《中国考古学研究——夏鼐先生考古五十年纪念论文集》，文物出版社，1986 年版。

［9］ 同［5］。

［10］ 钱国祥《汉魏洛阳故城圆形建筑遗址殿名考辨》，《中原文物》1998 年第 1 期。

［11］ 同［8］。

［12］同［5］。

［13］中国社会科学院考古研究所《北魏洛阳永宁寺》，中国大百科全书出版社，1996 年版。

［14］宿白《北魏洛阳城和北邙陵墓——鲜卑遗迹辑录之三》，《文物》1978 年第 7 期；贺业巨《北魏洛都规划分析》，《中国古代都市规划史论丛》，中国建筑工业出版社，1986 年版。

［15］骆子昕《汉魏洛阳城址考辨》，《中原文物》1988 年第 2 期。

［16］同［14］。

［17］孟凡人《北魏洛阳外郭城形制初探》，《中国历史博物馆馆刊》1982 年第 4 期。

四

汉魏洛阳城各类建筑遗址的

发掘与研究

迄今业已展开过一些发掘工作的重要建筑遗址，包括城门、宫殿、礼制建筑、学校、寺院、商市等。

（一） 城门遗址

汉魏洛阳城的城门遗址，仅发掘过一座，即前述汉上东门、魏晋和北魏之建春门遗址[1]。

该城门位于北魏内城东垣北段向东转折处，地当今偃师市韩旗屯村东北。受邙山水土流失影响，城东地面升高，其处城外地面高出城内半米左右。由于城门处低凹，每当夏秋多雨季节，这里便成了天然水口，常有雨水和山洪经此灌入城内，对遗址造成严重破坏。60 年代勘探认为，"门洞阙口宽约 18.5 米……，是一门洞"。1985 年冬的发掘表明，该城门基址整体略呈长方形，南北长 30、东西宽（亦即进深）约 12.5 米。门之南北两侧，横截城垣夯土以为壁，其间布置两道东西向夯土隔墙，构成一门三洞的形制。各门洞大体同宽，约为 6 米。门洞内原皆有大道通过，因后世流水冲刷，中门洞道路已荡然无存，唯南北二门洞内尚残存建筑遗迹。门洞正中为车道，车道两侧依门洞壁设柱础石以立柱。由门槛石、门枕石痕迹（槽）可知，城门安装于门洞中部稍偏东处。从门洞中穿过的车道，各宽约 4 米。根据车辙痕迹测量，辙间距约为 1.25 ～ 1.4 米（图一一）。

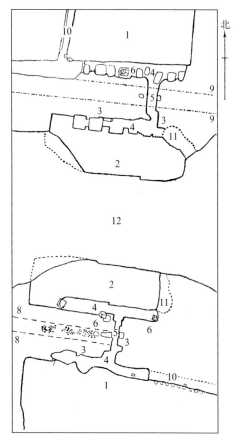

0 1 2 3 米

图一一　北魏建春门遗址平面图

1. 城墙遗迹　2. 夯土隔墙　3. 门道路土面　4. 柱础石坑　5. 门槛石坑

6. 柱础石　7. 砖石铺地　8. 车辙痕　9. 暗沟沟壁　10. 砖基沟

11. 扰乱坑　12. 淤土

（采自《考古》1988 年第 9 期《汉魏洛阳城北魏建春门遗址的发掘》）

显然，这座城门的门洞是采用靠夯土墙及"排叉柱"支撑的大过梁式建筑形式。其上原应加"平座"并建城楼。这种城门建筑结构历史悠久，整个汉唐时期的城门建筑无不使用这种结构。

在南北二门洞路面上都曾发现大片白灰墙皮，有的墙皮上残存红彩绘制的线条。在北门洞路土中，还清理出一枚北魏永安五铢铜钱。大片白灰墙皮无疑是从门洞侧壁或顶部塌落下来的，这表明北魏对城门洞的修饰十分讲究，不仅在壁表精心粉饰白灰膏，而且还在白灰墙皮上加施红彩绘成的简单线条图案或踢脚线。至于城门的整体外貌，按照《洛阳伽蓝记·序》的记载，应为门楼两重，去地百尺。

依《洛阳伽蓝记·序》，北魏洛阳城门是"一门有三道，所谓九轨"。对照建春门遗址现状，"一门有三道"固然明白无误，而"所谓九轨"一语，却不易准确把握其确切含义。一般认为，轨即轮迹，俗称车辙。在城门遗址上，三个城门洞又各有车辙一对，整座城门共有车辙三对（六条），显与"所谓九轨"一语不符。然若从城门的设计规模着眼，即使中门洞的车道宽度也和南、北门洞一样，同为 4 米，而每对车辙的辙间距平均以 1.3 米计，每个门洞都是可以并行三辆车的。如此，则三个门洞的设计通行量，就完全够得上"九轨"了。看来，"所谓九轨"应是从这个角度而言的。

在遗址发掘中，还发现了一些与探讨城门建筑沿革相关的遗迹。

其一，从保存较好的城门北侧城墙头（即城墙夯土横断面）上，可以明显看出，这里的夯土城墙，由筑成时间或早或晚的四块夯土组成。根据叠压关系可知，居于当心的夯土时间较早，包在外面的夯土则是后来为加固城垣而增筑的。因未解剖，未能找到足资证明其各自建筑年代的直接证据，但由前述1984年城垣解剖所获资料看，其时代当包含在东周至魏晋这一历史时期之内。

其二，在城门南侧城墙头（即南门洞南壁）东段、城门北侧城墙头（即北门洞北壁）西段和西侧，沿城墙基部各发现一条残砖基沟。沟宽0.7～1米，沟内砖基已被扰乱，青砖保持原放样式者寥寥无几。然值得注意的是，靠城垣一侧的沟壁上（也即城垣侧壁上），尚存一层层排列有序、上下层之间错落分布的小方洞，差不多每隔0.2米有一排小方洞，左右洞间距约为0.3米。小方洞多为外大内小，口部通常为0.25～0.3米见方，深约0.15米。在城门南侧城垣基部的砖基沟内，犹存一块未经移动的长方形平铺砖，其一端正插在城垣侧壁的小方洞内。这证明，城门两侧的城墙头原先曾包砌青砖，城垣侧壁的小方洞正是为了使包砖与城垣夯土结合牢固而开凿的。所谓砖基沟，事实上应是城垣包砖的基槽。基槽内现存散乱包砖，既有汉代所谓"大城砖"，也有魏晋时期的长方砖，但未见北魏砖，前述那块未经移动的长方形平铺砖，即是魏晋实物。从地层关系看，南门洞南侧的包砖基槽，又局部被门洞内的北魏车道路土所叠压，这进一步表明，在城门两侧包砌青砖系魏晋所为。

其三，在城门北门洞的北魏车道路土下，叠压着一条宽约1.8米的暗沟。暗沟打破路土下的红褐色夯土和生土，沟底铺石，石面低于车道路土约2.8米。沟内填满碎砖瓦及脏土，接近石面处，土质湿软且普遍存在一层含石子、细沙，与常见的水沟底部沙石沉积层相似，足见其功用主要是通水。鉴于沟内砖瓦片皆为汉至魏晋遗物，其上又为北魏车道路土和门洞底部夯土所覆盖，说明此沟至迟在北魏修城时已遭废弃，其建筑及使用年代约为汉至晋代。西汉长安城的发掘表明，汉代修建城池，常将排水道设置于城门洞下。根据此例可以认为，此暗沟当即汉至晋代从城门洞下经过的排水设施。由此还使人联想，北魏时大约已不在城门洞下建造排水道，而是将排水道置于门侧某处。

以上三点，不但是汉、魏晋和北魏相沿使用同一城址的直接证据，还为古代都城发展史的研究提供了重要资料。

（二）宫门和宫殿基址

除宫门阊阖门遗址得以发掘外，宫殿遗址尚未开展较大规模的发掘。在过去的若干年内，仅只为日后发掘作准备或配合农村水利建设，对北魏太极殿基址进行过试掘，清理过一座圆形建筑基址。

1. 北魏宫门阊阖门遗址发掘[2]

北魏宫城的城门南门阊阖门遗址，由双阙和城门建筑组成。双阙筑在宫城南墙缺口两端，阙台长约29、宽29米，由一母阙和向北、向东（西）的两个子阙构成，其间距41.5米。往北连着两条土墙，这便形成了一个小小的广场，城门即坐落在以短墙相连的东西向大型长方形台基上。台基东西44.5、南北24.4米，有南北各三条、东西各一条慢道，以供上下。其上，布置城门建筑，即东西二墩台、前、后庭及三个门道遗迹。东西二墩台，各长约19、宽6米余，有十柱，两端两柱间距较大，其他间距较小。墩台上有房址一座，在房址东（西）墙北端、对慢道处开一门，房内残长9.6、宽3.2米。它们极有可能是上下城门楼的楼梯间。三个门道，分别位于东西二墩台与中间两堵隔墙之间。门道宽度基本相同，各宽一间、4.8米左右；长度，与中间二隔墙相同，俱为进深两间、8.6～8.8米。正对南北的各三条慢道。其余柱及地面则为前、后庭，其中，前庭东西长28、宽5.5米，而后庭长同为28米，宽却为5米。看来，这座城门是面阔七间有三个门道的殿堂式建筑。

2. 北魏太极殿基址试掘

位于宫城前部的北魏太极殿，是宫内最重要的宫殿。据勘探，其夯土基址呈规整地横长方形，东西长100、南北宽60米，今仍高出四周地表约4米。为摸清其保存状况，以便开展正式发掘，1984年曾特意于夯土基址四面各开试掘沟一条，并对基址现存顶面进行了简单清理[3]。

试掘和清理结果显示，基址夯筑坚实，顶部已严重残损，柱础石或础石槽等建筑遗迹无存，四侧壁虽也有程度不同的破坏，但基本形制犹在，大模样还是可以呈现出来。

根据试掘沟所见，东西二侧壁为直壁，犹高2米余，壁表原或包砖。南侧壁破坏较甚，似有登殿坡道残存。北侧保存较好，壁高1米余，壁表包砌青砖，壁脚犹存砖铺散水，并发现由殿基向北的砖铺小路。在小路西侧，出土已残长方形铺地青石板一块，石面平整光滑。殿基东西两侧还曾清理出夯土基址及青石柱础等建筑遗迹，两翼当有廊道类建筑与大殿相连。

由此看来，此殿应是一座坐北面南，且北部地势高、南部地势低，颇具居高临下之势的宏伟建筑，风格朴实而壮丽。北魏太极殿同魏晋太极殿的殿址有无关系，因未解剖，目前尚不清楚。

3. 北魏圆形建筑遗址清理

此圆形建筑遗址位于宫城后部中偏西处，地当宫城西墙 2 号门内横道南侧，西距宫城西墙约 65 米。60 年代勘探，其建筑残基尚凸出地面，当地人称为"羊冢"。实探发现，此建筑基址，为一方形夯土台，面积约 25 米见方。台之中部高出四周地表约 2.5 米，夯土黄褐色，纯净而坚实。1964 年冬附近农民兴修水利取土，将台基东部挖掉，暴露出圜状砖壁。1965 年春，对其进行了清理，但未对方形夯土台基四周进行大面积发掘[4]。

清理表明，已暴露圜状砖壁，实为建于方形夯土台基中心的一个圆桶形建筑。圆桶形建筑周壁以长方形青砖平铺丁砌，内径 4.9 米，外径 5.62 米，砖壁保存最高处为 3.6 米。壁面保存较好部分，残存竖柱柱槽四个。柱槽横截面呈矩形，横长 0.11～0.18、深入壁内 0.05 米，下端各与一个长方形壁洞相接。壁洞口面宽 0.2～0.28、高 0.3～0.36 米，深入壁内 0.31 米，壁洞底面高于圆桶形建筑底部铺地砖面 0.36 米。壁洞的水平方向并不与圆桶形建筑壁面垂直，而与相对应的壁洞方向一致，这二者处于同一条直线上。依残存遗迹推断，整个圆桶形建筑应有这种竖柱柱槽和壁洞各八个，借此可在八根竖柱下方架设井字形梁架。圆桶形建筑底部以长方形青砖平铺。其铺法是，先按正方向铺出十字形砖地面，再随意补铺四角，形成一个完整的圆形地面。在铺底砖面上，残存有规律排列的柱洞三十七个，加上破坏部分，全部当有四十个。这些柱洞与前述井字形梁架有密切的对应关系，适于埋设支撑梁架的短柱。圆桶形建筑的砖铺底面四周高而中间低，中心部位砌有一个内径0.7米的圆形砖池，池壁残高0.2米。圆形砖池外围有一方形浅坑，方坑东侧立有一块0.82×0.825米的方形石板，石板中部有一9.8厘米见方的方孔。紧靠石板北侧，又有一散落的石槽（图一二、一三）。

古建筑学家认为，"在直径490厘米这个不大的圆形范围内，竟布置有四十根柱；柱间距，即大梁跨度，一般仅60～70厘米，最大也不过90厘米；主要支柱埋深达52～88厘米，据此判断当时上面的负荷是相当大的"。

"'井'字形梁下皮距地面砖高度为36厘米，可知梁即地板龙骨。则梁上原来应铺有地板，由于负荷很大，地板应是较厚的板枋。鉴于中部地面上有浅方坑、内含一直径70厘米、复原深度约25厘米的砖砌小圆池，而且地面铺装有四面向小圆池坡下的泛水，看来此圆形构筑物原系贮藏不怕潮湿、甚至是本身有积水之物使用的。其最大的可能就是藏冰的冰室。在这半地下的圆桶形构筑物的厚地板上可以叠置存放大量冰块，架空的地板铺装应留有缝隙，可以滤下冰水。冰水顺地面坡度流向中央浅坑……，进而积蓄在小圆池内。地板下冰水积蓄过多则漫出池外，而贮存于整个圆形构筑物底部，这时可由地板上所保留的中央方孔向有一定深度的圆池汲取提升排除。清理所见的石槽，应即原设在上部的排水设施。此圆形构筑物半入地下，地面以上部分又包有较厚的夯土，这正是隔热冷藏所要求的"。

"这座藏冰室支承'井'字形梁架的柱子当中，有十二根（遗存十一个柱洞）埋深在52～88厘米之间，大于其余埋深，可知为主要承重柱。其中八根为圆形截面的短柱，支承依圜壁

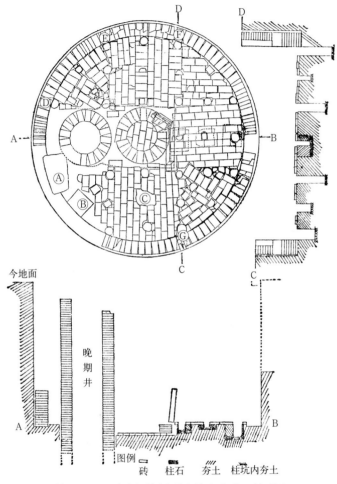

图一二　汉魏洛阳城圆形建筑遗址平、剖面图

上：平面图（方向略呈南北向）：A、B、C　为残破柱洞，D～G 为壁洞

下：AB 线剖面图　右：CD 线剖面图

（采自《考古》1990 年第 3 期《洛阳汉魏故城圆形建筑遗址初探》）

图一三 汉魏洛阳城圆形建筑遗址底部的柱洞

竖立的长方形截面的木柱；所余中央四根圆柱，埋深达74～78厘米，推测上面应有与壁柱等高的长柱，其做法有两种可能性：一是'井'字梁是分段插在这中央四根长柱上；再是深埋短柱（与依圈栽立的八个短柱等高）支承通长的'井'字梁，再于梁上按短柱轴线竖立上部长柱。这两种做法，以后者可能性为大。与圆形砖壁大致在同一标高的这十二根柱顶端，原来应架设有与下部相同的'井'字梁，上面也铺装地板。这上一层的圆形地板面位于台顶殿堂中央，其标高应与台顶殿堂室内标高相等。这个地板面的中心部位也应留有方孔，出于藏冰入窖及排除冰水的需要，估计方孔上原来应装有轳辘、滑车之类的升降机械装置。在台顶殿堂内部中央的这套装置，可能由室内装修隐蔽；地板上应有冷气对流所需的通风口"。

　　古建筑学家依据上述复原研究认为，"现在我们所考察的这座冰室，位于洛阳城北部宫城内西路，看来不是一般的凌阴。……很可能这里原是一座备有避暑降温设施的殿堂"。其推测，这殿堂当即《永乐大典》九五六一卷所载古图中北魏宫城西路的清暑殿，只是图中殿址画得偏南了一些。

　　至于此遗址是否确为北魏清暑殿，也有研究者持不同意见[5]。其认为，从此建筑基址使用的长方形小砖及填土堆积中残存的汉晋和北魏时期瓦片看，建筑存在和使用的时间显然较长，当在东汉至北魏时期。"该建筑设施当为一次建筑而成，而且极可能为汉晋时期所为。遗址堆积内残存的瓦片除少量东周瓦片外主要有两种，一种是与汉晋时期长方形小砖时代相同的绳纹面布纹里瓦；另一种为北魏时期的光面布纹里瓦。这表明该圆形建筑设施的废弃当在北魏以后，建筑使用的时间肯定已延续到了北魏，同时也说明北魏时在汉晋时期所建之圆形藏冰建筑设施之上可能还曾有带屋顶并覆瓦的建筑构件"。研究者遍检文献有关汉魏洛阳城内藏冰和避暑殿址的记载，认为"汉魏洛阳城内的藏冰建筑显然不只一二处，不仅大城南部有，中部宫城内有，而且北部华林园内也有，如此分布显然是为了用冰取冰方便。而与用冰相关的避暑殿址则分布更广，无论是在宫城南半部的正殿太极殿附近或宫城北半部的西游园内，还是皇室禁苑——华林园内，凡是皇帝及后宫居住或经常临幸、游玩之场所，都建造有避暑乘凉的殿宇。这种设施显而易见是为了适应皇室活动之需要而设置的"。经过对文献所载各避暑殿址位置的辩证并与"羊冢"所在位置对照，而后推断："汉魏洛阳故城北魏宫城内考古发掘之圆形建筑所在方形夯土台基址与文献记载中北魏宫城西游园内陵云台，如出一辙，有惊人的相似之处。种种迹象显示，这绝非偶然之巧合，它们之间的关系是不言而喻的。……据此，完全可以确认该圆形建筑遗址当为文献所记陵云台中古旧藏冰处之冰井。发掘者根据考古遗迹推测井上当建有避暑降温之殿宇，则极可能即文献中所提北魏孝文帝在台上所建之凉风观。而该残存方形夯土台显然为陵云台址之一部分。"

"羊冢"为清暑殿或者陵云台，这一点的确定固然有待于今后对这一带建筑布局的全面考察，方可作出比较稳妥的判断，但此遗址作为北魏宫城中构思新颖、设计巧妙的宫殿建筑遗存，在古代建筑史上的地位，还是值得肯定的。

（三）礼制建筑遗址

汉魏洛阳城的历代礼制建筑，按说应包括南郊、北郊、圜丘以及灵台、明堂、辟雍等等。这些建筑的遗址，有的尚未发现，有的业已无存，有的遗址犹在但未发掘，迄今已经发掘的，只有灵台、明堂、辟雍三处。

灵台、明堂、辟雍，合称三雍。作为封建王朝的三大礼制建筑，俱是东汉中元元年（公元 56 年）始建于汉至晋代洛阳城南高地之上。其用途各不相同。灵台是天象观测场所，天子登灵台、观云物，"所以观天人之际、阴阳之会"。明堂乃天子祭天敬祖之所，最经常的活动是在此宗祀五帝，而以先帝配。辟雍为宣扬教化之地，天子率众朝臣于此行飨射礼，并祭祀孔子。关于三者的用途，《后汉书集解·祭祀志中》引薛综注似乎说得更为简明扼要："于之（上）班教曰明堂，大合乐飨射者辟雍，司历候节气者曰灵台。"对这三大礼制建筑，尤其是明堂、辟雍，是否为同一座建筑，应该是什么样的形制？历史上曾有过不少争论，争论的结果，往往是各执一词，莫衷一是。但从 20 世纪 70 年代所进行的考古调查、发掘看，在东汉时期，灵台、明堂、辟雍三者是分立的，而且建筑形式各具特色。魏晋南北朝时期洛阳城礼制建筑皆沿用东汉洛阳城南礼制建筑的旧址。据考古资料并结合文献记载考察，灵台和辟雍可能沿用至魏晋，唯明堂沿用到北魏时期。

1. 灵台遗址

灵台遗址[6]之所在，确如文献所载位于平城门（北魏平昌门）外大道西侧，地当今偃师市佃庄镇朱圪垱岗上村和大郊寨村之间，北临今洛河南堤，距汉至晋代洛阳南垣 1000 余米。遗址平面约呈方形，四周建有夯筑围墙。南墙及东西二墙俱已探明，墙上各有门址。唯北墙未曾发现，或压于河堤之下。遗址现知范围，东西 220、南北 200 米，面积约 44000 平方米。今犹凸出于地面的天象观测台基，为一方形夯筑高台，正处于遗址的中心部位。台基基部长宽各约 50 米。其地面以上部分，因历代破坏已非原状，南北残长约 41、东西残长约 31、残高约 8 米余。顶部已塌毁成一椭圆形平面，南北长 11.7、东西宽 8.5 米。据发掘清理，台基四面各辟上下两层平台，平台上均有建筑遗迹。环绕下层平台，又有河卵石铺砌的散水。这些建筑遗迹，唯台基北面保存比较完整，其余各面均遭到严重破坏。

台基北面现存建筑遗迹显示，下层平台台面略与当时的地面取平，其南北宽度约为 2 米。居中部位有一坡道，由此可登上层平台。坡道宽约 5.7 米，两侧为回廊式建筑，东西各五间以上，每间面阔 2.5 米。回廊式建筑后壁，系就夯土台基切削而成，并于壁面挖出竖槽以立木柱。柱础石有大小两种，二者相间而置，大柱础石与上层平台上建筑的础石对应。

上层平台高出下层平台地面约 1.87 米，四面皆有建筑遗迹残存。每面总长应为 27 米，各有五间建筑，每间面阔约 5.5 米。平台的南北宽度不易取得准确数据，如以北面回廊后壁柱与上层建筑后壁柱之间的距离计算，约为 8.5 米。上层建筑后壁及立柱的做法与回廊同，地面全部用长方形小砖铺砌。壁面涂抹草拌泥，并按方位敷彩。南面朱红色，东面青色，西面白色。北面因被火焚，敷彩情况不详，若依东、西、南三面敷彩情况推断，当为黑色。这种现象的出现，应与当时崇拜四灵的风尚有关。

台基西面上层平台的建筑，还有一个不同于其他三面的特点，即在五间建筑的后面，又加辟五间进深约 2 米的内室。内室后壁也系就夯土台基切削而成，但无立柱痕迹。前壁为土墙，此墙兼作前面五间建筑的后壁。五间内室中部有隔断墙一堵，将其分南北二室。南室面阔三间，北室面阔两间，北室地面铺素方砖。目睹这种密闭型内室，很容易使人联想起《晋书·天文志》所谓"作浑天仪于密室中"的"密室"（图一四）。

现存台基顶部，既非原高，更不可能保存当初的形制。关于台基的原高，文献上有两种说法，一说高三丈，一说高六丈，以之折合成公制，则分别为 7.08 米和 14.16 米。前一种高

图一四　灵台遗址（北—南）

度比现存残台基还低，显然有误。后一种高度，既大于现存台基，又与《洛阳伽蓝记》卷三"大统寺"条"基址虽颓，犹高五丈余"的记载接近，应该比较可信。至于台顶的形制，《五经通义》有言曰："灵台制度奈何？师说之，积土崇增，其高九仞，上平无屋。高九仞者，极阳之数；上平无屋，望气显著。"此言颇有道理。

　　我国古代天文学上的一个突出成就，即是对天象的周密观测。汉魏洛阳南郭城内的这座灵台，自东汉初年始建至北魏迁洛汝南王元悦于台上造砖浮图而废弃，前后经历了二百五十年之久。作为当时全国最大的国家天文台，它在天象观测方面作出的巨大贡献不言而喻。它的发现和发掘，无论是对于中国考古学抑或天文学研究，都有重要意义。

2. 明堂遗址

据《东汉会要·礼二》，明堂同灵台一样始建于东汉光武中元元年（公元 56 年），而"未用事。明帝即位，永平二年（公元 59 年）正月辛未，初祀五帝于明堂，光武帝配。五帝座位堂上，各处其方，黄帝在未，皆如南郊之位。光武帝位在青帝之南，少退西面。牲各一犊。帝及公卿列侯始服冠冕衣裳、玉佩绚屦以行事。奏乐如南郊。礼毕，登灵台"。此后以至魏晋、北魏一直沿用而不曾移往他处。文献中保留着一些魏晋宗祀于明堂和北魏重建明堂的记载。

明堂遗址[7] 位于平城门（北魏平昌门）外大道东侧，与灵台一东一西夹道相对，今朱圪垱岗上村正坐落在遗址之上。这座大型建筑遗址全部湮埋于地下，地面上无任何建筑遗迹暴露。

据勘探，其平面略呈方形，四周建有夯筑围墙。东、西、南三面围墙墙基犹存，南墙长约 386 米，东、西墙已知长度将近 400 米。北墙基未探到，或为今洛河南堤占压。围墙内中心部位为一平面呈圆形的夯土建筑基址，直径 61 ～ 62 米余。在圆形建筑基址中部，因其处原较高建筑尔今已被削平的缘故，未发现任何建筑遗迹。但在其周围曾清理出有规律排列的二十多组方形大柱础槽和一些方形小柱础槽，大柱础槽间有底部铺黄沙的方形沙坑。无论小柱础槽或大柱础槽内，俱已无柱础石残存。此圆形夯土建筑基址边缘，犹存原包砌青石的环状沟槽遗迹。种种迹象表明，此即北魏时期沿用汉晋旧基重建之明堂，发掘所见柱础槽，主要应是北魏时期的建筑遗存。

由此不难看出，东汉以来明堂的基本形制，当与《水经注·谷水》"寻其基构，上圆下方"的描述相符。

3. 辟雍遗址

辟雍亦是始建于东汉光武中元元年而未用事。至明帝永平二年始于其中行大射礼和养三老、五更，此后以为常。养三老、五更，用以尊老。大射礼，用以习武。其是由氏族制末期的春飨秋射演化而来，各有一套严格而繁琐的规范，借以分别贵贱、长幼的等次，达到维护封建统治秩序的目的。春三月、秋九月习乡射礼，礼生皆使太学学生。《东汉会要》卷三引儒林传序称："建武五年（公元 29 年）修起太学，稽式古典，笾豆干戚之容，备之于列，服方领、习矩步者，委蛇乎其中。中元元年，初建三雍。明帝即位，亲行其礼。天子始冠通天，衣日月，备法物之驾，盛清道之仪，坐明堂而朝群后，登灵台而望云物，袒割辟雍之上，尊养三老五更，飨射礼毕，帝正坐自讲，冠缙绅之人，圜桥门而观听者，盖亿万计。"其中"袒割辟雍之上"句以下，便是描写明帝亲临辟雍行飨射和养老礼的盛大场景。此所谓桥门，实即辟雍之四门。称辟雍四门为桥门，大约是因为辟雍四门外皆有水，以节观者，门外皆有桥的缘故。从文献记载看，自汉至晋，飨、射礼一直都在辟雍举行。

辟雍遗址[8]位于开阳门外大道东侧，隔道与明堂东西相对，地当今朱圪垱岗上村东。这一大型建筑遗址也和明堂一样全部湮埋于地下。1931 年出土之咸宁四年（公元 278 年）立西晋辟雍碑（全名"大晋龙兴皇帝三临辟雍皇太子又再莅之盛德隆熙之颂"）之碑身即发现于此。据碑载，晋自泰始三年（公元 267 年）至咸宁四年曾于辟雍三行乡饮酒礼、二行大射礼。

根据勘探、发掘知，此遗址范围广大，约 370 平方米。最外围为"环水"，其整体略呈方形，唯南面作不封闭形。"环水"之内，为一组布局规整的夯土建筑基址。其中心，有一座建于较大夯土基础上的长方形殿基，东西长约42、南北宽约28、残高0.56米。殿基表面破坏严重，大约比原高低了不少，柱网遗迹极少。殿基侧壁局部残存贴壁方砖。围绕殿基基部，基础夯土面上普遍残存路土。路土上无车辙痕迹，当为人行道路。在殿基南侧的基础夯土上，发现长方形土坑一个，坑底铺碎石片。坑之西侧不远处，出土石碑座一方。碑座曾被翻动，出土时底面朝上。碑座诸侧面，线刻孔子及诸弟子坐像。经与辟雍碑碑身进行全面勘对，确认二者原属同一碑。当初辟雍碑的位置，似可由此确定。在中心殿基四面，各有一组建筑，每组皆由左右二阙和双阙内侧的门屏式构筑物组成。居南、东、西三面者，距中心殿基较远。居北面者，距中心殿基甚近。在中心殿基和北面门屏式构筑物之间，曾发现一条东西向土沟，沟宽不到1.5米。从土壁残痕及沟内出土物看，沟壁、沟底或曾砌砖。经勘探可知，此沟总长61米余，东西两端封闭，并不与"环水"相通。

中心殿基南面的双阙和南北两面的门屏式构筑物已经过发掘。南面双阙和门屏式构筑物距中心殿基约71米，二者之间的距离约为12米。双阙仅存阙基，皆为东西向长方形夯土，东西各长约20、南北11米余。二阙相距14米。门屏式构筑物为一东西向长墙，总长43米余，夹墙体立壁柱，顶部或施短椽并覆瓦。门屏中段，有向南凸出的东西两条夯土，残长各4～5米，其间距亦为14米，这里或为结构简单的门址。自双阙间至门址处，残存已被翻动的路土。中心殿基南面的一组建筑如此，其他三面的相应建筑也应大体一致。

在清理中心殿基北面的建筑物时发现，汉代门屏式建筑物曾经被掩盖，而以其中段墙体为依托，向南垫土，形成两个相距数米的方形房基，房基南缘尚残存几方石柱础。二方形房基之间，被建为门道，犹存门枕石及车辙痕迹。这组因汉代门屏中段旧基改建而成的建筑，颇为简陋，当系魏晋时期所为。应该特别给予说明的是，门道内车道车辙明显，可能连续使用时间很长，但向南从未越过前述东西向土沟。这条车道的存在，正与《汉官仪》"车驾临辟雍，从北门入"的记载一致。

对辟雍这一礼制建筑，文献记载甚多，称其中心殿堂四周环水，水圆如璧，以象征教化流行；四面水上建桥，以节观者。今所见汉至晋代洛阳辟雍遗址，环水水源通过一条砖砌涵洞自北面到达遗址北部正中，然后向东西两个方向分流，各流出180余米后，折而向南，直到遗址以南，尚未显出转折相汇的苗头。再南因地势太低，地下水位过高，无法查明其确切走向。仅此已可确认，东汉至晋代辟雍的环水确非圆形，建筑形制实与传统说法不同。另外，中心殿基北面的土沟，既不与环水相通，沟内又未发现淤土，当初或不曾经常流水。为何作出此一设置，颇为耐人寻味。

（四）学校遗址

考古已经涉及到的汉魏洛阳学校遗址，有太学和国子学。目前有关国子学的资料太少，故重点记述太学遗址的发现和研究，只在个别场合兼及国子学。

1. 汉魏太学、国子学概述

汉魏洛阳太学，始建于东汉光武帝建武五年（公元29

年），位于城南开阳门外大道东侧。范围广大，生员众多。史载，因校舍积年毁坏，汉顺帝永建六年（公元 131 年）诏修太学，年用作工徒十一万二千人。阳嘉元年（公元 132 年）作毕，"凡所造构，二百四十房，千八百五十室"。其间有"讲堂，长十丈，宽三丈（一说宽一丈）"。汉质帝本初元年（公元 146 年），梁太后诏"大将军下至六百石悉遣子就学，每岁辄于乡射月一飨会之，以此为常。自是游学增盛，至三万余生"。汉灵帝熹平四年（公元 175 年）又诏诸儒正定诸经文字，刊于石碑，立于太学门外（一说立于讲堂前），成为天下共同遵循的官订经本，此即后世所说的汉石经，又称熹平石经。曹魏受禅，即以黄初五年（公元 224 年）于洛阳立太学。关于曹魏太学，《魏略》有如下记载："黄初元年之后，乃始扫除太学之灰炭，补旧石碑之缺坏，备博士之员录，依汉甲乙以考课；申告州郡，有欲学者造诣太学。太学始开，有弟子数百人。至太和、青龙中，中外多事，人怀避就，虽性非解学，多求诣太学，诸生有千数，而诸博士率皆粗疏，无以教弟子。弟子本以避役，竟无能习学，冬来春去，岁岁如是。"魏太学似不能同汉太学同日而语。但也有可堪称道者，即其时同样有建立石经的壮举。《水经·谷水注》称："魏正始中，又立古、篆、隶三字石经，……树之（讲）堂西。……魏明帝又刊《典论》六碑附于其次。"这批经碑，因系正始年间所立，后世称之为正始石经，又因其每字皆有三种书体，还有称之为三字石经或三体石经者。晋受魏禅，太学沿曹魏之旧。据《文献通考》卷四十学校所载，晋武帝初有太学生三千人。太（泰）始八年（公元 272 年）有司奏太学生七千余人。而据前引咸宁四年立西晋辟雍碑碑文，晋初太学生员达"万有余人"。其生员"东越于海，西及流沙"。按碑阴所刻参与辟雍行礼之太学师生名录统计，他们分别来自全国十五个州、七十多个县，还有四个为西域人。

《晋书·武帝纪》还有咸宁二年（公元276年）夏五月立国子学的记载。《元河南志·晋城阙古迹》同时载有国学和太学，并引《述征记》曰，太学在国学东二百步。可见在晋代，太学之外还有国子学（或称国学）。《太平御览》卷五百八十九碑条引戴延之《西征记》称："国子堂有列碑，南北行三十五枚，刻之表里，书春秋、尚书二部，大篆、隶、科斗三种字，碑身八尺。"其所言，应与《水经·谷水注》所载正始石经为同一事。

依《魏书·世宗纪》，延昌元年（公元512年）夏四月丁卯诏"可严敕有司国子学孟冬使成，太学四门明年暮春令就"，知北魏时期依然是太学与国子学并立。其时，汉石经和曹魏石经虽残犹存。《洛阳伽蓝记》卷三"报德寺"条称，"开阳门外御道东有汉国子学堂。堂前有三种字石经二十五碑，表里刻之，写《春秋》、《尚书》二部，作篆、科斗、隶三种字，汉右中郎将蔡邕笔之迹也。犹有十八碑，余皆残毁。复有石碑四十八枚，亦表里隶书，写《周易》、《尚书》、《公羊》、《礼记》四部。又《读书》（《赞学》）碑一所，并在堂前。魏文帝作《典论》云（六）碑，至太和十七年（公元493年）犹有四□（存）。高祖题为劝学里"。它和前引《水经·谷水注》一样，都是残石经犹存的证据。

2. 汉魏太学和国子学遗址[9]

东汉太学遗址的范围，至今尚未能明确判定，但20世纪70年代曾在辟雍遗址东北方、太学村北之今洛河南堤的南北两侧，发现魏晋以降的太学遗址。其平面呈长方形，东西宽150、南北长约220米，四周有夯土围墙。在其南面清理出汉熹平石经残石一百五十余块。遗址范围内，勘探发现一排排布列规整有序的长条形房舍，并对其中的数座进行了发掘。魏晋以降太学遗址处，应是东汉太学的重要部分，长条形房舍正是袭用了东汉太学诸生房舍的结构和形制。鉴于魏晋以降太学遗址的东西两侧，仍有一些长条形房舍基址发现，说明东汉太学的范围，要比魏晋以降太学大得多。

综合多年勘探和发掘资料分析，在魏晋太学遗址以南之东部，汉代为一条东西向自然沟汊，沟内分布着多座汉代砖瓦窑址，至迟在北魏时期此沟已被填平；西部，尚有一座自成一体的院落，也不属于太学的范围。魏晋太学遗址东西两侧发现长条形房舍的区域，东未越过穿太学村往北、往南的南北车道，西未越过故开阳门外大道。遗址以北勘探工作开展甚少，情况不大清楚。依此，我们已不难大体估计出东汉太学东、西、南三面的基本轮廓。

根据遗址内较大面积的勘探资料看，长条形房舍应是太学建筑的主要类型。它们相互平行，排列密集，间距只有数米。一座长条形房舍往往长达数十米，由十间甚至十数间组成，每间面阔约3.6、进深约4米。只有极个别建筑形制较为特殊。如在魏晋以降太学的中心区，清理了一座被后来改造成面东的长条形房舍的建筑，其旧基原呈面东[形。最北端为河堤所压，边缘未能全部揭露出来，已揭露部分纵横各约16～17米。这一建筑的性质应与众多长条形房舍不同。更其引人注意的是，这座建筑被改建时，于居中一室内，建造了一个用砖瓦片砌成的圆池。此池延用时间较长，约为太学内的沐浴设施。

那么，建于魏晋太学以西二百步的国子学在哪里呢？有迹象表明，它应在辟雍遗址以北不远处。在那里，曾发现如同汉晋太学遗址常见的那种长条形房舍，20世纪二三十年代发现之魏三体石经残石，也多是在这一带出土。依此，国子学仍位于汉太学旧址之内。

3. 汉魏石经的发现和研究

据史籍记载，自汉末以来，汉石经屡遭破坏。永嘉（公元307～312年）乱后，汉石经之崩坏者已逾大半，魏石经当也不免于难。经十六国时期战乱的摧残，至北魏迁洛之前，魏石经虽"宛然犹在"，汉石经恐已所存无几了。正值此时，冯熙、常伯夫相继为洛州刺史，公然毁取石经"以建浮图精舍"，石经遂大致颓落，其"所存者，委于榛莽，道俗随意取之"。北魏都洛，侍中领国子祭酒崔光请遣官守视，命国子博士李郁等补其残缺，且得到胡太后同意，但因刘腾作乱，事遂寝。北魏亡，又相继发生迁石经入邺、入长安之事，洛阳汉魏石经终归彻底破败，往日胜迹不复得见。

汉魏石经之残石，早在唐代即已有所出土。此后，又有两次大量出土的时期，一次在北宋嘉祐（公元1056～1063年）年间，一次在20世纪二三十年代。据马衡、孙海波总各家集录而成的《汉石经集存》和《魏三字石经集录》所载，计出汉石经残字八千余字、魏石经残字两千四五百字。散落于民间而不曾面世者，不包括在此数之内。

学者们依据出土残石和拓本，对汉魏石经残石进行了卓有成效的研究，并出版了多种残字集录和复原碑图，其中最具代表性者，当数前举二书。其主要学术成果，是取得了有关汉魏石经基本情况的较明确看法。

其一，从总体上看，汉石经经碑文字，皆只用一种书体——今隶。刻经所依经本，皆为汉代立于学官之今文经（图一五）。魏石经主要形式是一字三体直下式，即经文之每一个字，都是从上到下依次用古文、篆、隶三种书体。此外，也有三种书体作品字形排列，或者每字用两种书体甚至一种书体者。一字三体直下式经碑，当是魏正始年间之初刻，而一字三体作品字形排列或一字二体甚至一体者，必为正始或稍后所刻。刊刻魏石经所据经本，是其时始立于学官的古文经。从而廓清了文献关于石经记述中汉魏混杂的弊病。至于经碑的规格，学者们以为《西征记》和《水经注》的记载属实，为石长八尺，广四尺。经碑排列的形式，当如文献所载，"骈罗相接"、"表里刻之"，即各经自为起讫，每一经占若干碑，骈罗相接如堵墙，经文从第一碑刻起，讫于末一碑，又自末一碑之阴直至第一碑之阴止（此用马衡语）。已出土石经碑座为这种排列形式提供了直接证据。

其二，具体就汉石经或魏石经来讲，则是分别得出了以下一些认识：

关于汉石经所刻经的记载，自来有五经、六经、七经之不同，且有详细列举其经目者。详勘出土石经残石知，所刻经计有诗、书、易、礼、春秋、公羊传、论语七种。然马衡先生认为："数五经者，不数公羊、论语二传；数六经者，以公羊传合于春秋；数七经者，举其全数。要之，皆是也。"关于经碑数目及诸经次序与排列方式，学者们较为相信《后汉书·蔡邕传》注引《洛阳记》的记载，其总数为四十六碑，立于太学讲堂东侧之北、西、南三面。西行二十八碑，分刻诗、书、易、春秋和公羊传；南行十五碑，刻礼；东行三碑，刻论语。

图一五　偃师东大郊太学遗址出土汉石经（拓本）

马衡还认为，石经所刻诗经，所据经本为鲁诗，而以齐韩两家诗校其同异。经碑每行七十二字，自小雅采菽以下转入碑阴，每行七十字。尚书碑，所据经本为欧阳氏本，而以大、小夏侯本校其同异，每行七十三字。周易碑，所据经本为梁丘氏本，据孟、施、京氏三家本校其同异，每行七十三字。礼记（实即仪礼）碑，所据经本为大戴本，而以小戴本校其同异，每行七十三字。春秋碑，因当时《春秋》之立于学官者，只公羊一家，刻石所据经本，自是公羊家传习之本，且无校记，每行七十字。公羊传碑，所据经本为严氏本，而兼存颜氏异文于校记，每行七十三字。自文公十四年转入碑阴，每行七十字。论语碑，所据本确为鲁论，每行七十四字。学者们以石经残文与今本诸经对勘时，发现诸多有关篇数、篇目次序和用字的歧异之处，对诸经经本研究颇有价值。此外，在鲁诗、春秋经碑残石上，皆发现有补刻之字，证明《魏略》关于曹魏于黄初元年之后"补旧石碑之缺坏"的记载不虚。

魏石经之经数，属正始初刻者，只有尚书、春秋二经。正始或稍后补刻之三字石经中，尚有春秋左氏传文。王国维考证认为，所刊左氏传当是"至庄公中叶而止"，非为全书。魏石经经碑数目，除去品字式、二体、一体、五字行本及左氏传等，仅一字三体直下式尚书、春秋二经，应为二十八碑。经碑每面约三十二至三十四行，行二十或二十一字。

学者们指出，正定经典文字并刊之于碑，是一项巨大工程，绝非一二人所能为。参与建魏石经者为谁，今尚无详考，而参与建汉石经者，却已能明确指出二十五人之多，其中见于经碑者，有蔡邕、堂谿典、马日磾、李巡、刘宽、边韶、赵㑴、刘弘、张文、苏陵、傅桢、左立、孙表、张玹、周达、尹弘、孙进、傅弥、陈懿等十九人，此外，尚有见于文献的杨赐、张驯、韩说、单飏、卢植、杨彪等六人。实际上，恐还不止此数。

1949 年以来，汉魏石经的发现量远不及 20 世纪二三十年代集中且多。据今所知，汉石经残石之新问世者，有 1980 年在汉魏洛阳太学遗址发掘所获有字残石一百五十六块，计约三百四十字[10]；有收集于民间的太学遗址出土汉石经残石十块，计六百四十九字[11]；有未见著录的馆藏汉石经残石一块，二百三十九字[12]。总计共一千二百二十八字。魏三字石经残石，有收集于民间的太学遗址出土者一块，三十九字[13]。另有出于西安的两块，计四十九字[14]。总计八十八字（三字石经字数，每字无论存三体或一体皆按一字计）。新获汉魏石经残石，绝大多数出土地点明确，存在状况清楚，对研究汉魏太学石经具有较高学术价值。

收集于民间的汉魏石经残石，据了解，属汉石经者，分别出自魏晋以降太学遗址的南侧、东侧和北侧。它们一般形体较大，混杂于晚期地层的瓦砾层、灰土层以至砖砌水池之中，显为被随意遗弃者。属魏石经的那块残石系农民在魏晋以降太学遗址以西的耕地中发现，周围未见有关的建筑遗迹，应亦为随意弃置品。发掘所获汉石经残石的情况怎么样呢？据知，发掘地点位于太学村北围墙北侧，地当魏晋以降太学遗址东南、汉太学遗址南部，这里地下原是一处瓦砾堆积区。据发掘，此处地层可分为四层，最上层为现代耕土层，最下层为厚薄不一的夯土层，中间为红褐色土层和瓦砾层，有字石经残石和大量无字经碑残石即出土于这两层中。红褐色土层，厚 0.15～0.3 米，土质较硬，内含残素面方砖、长方砖、篮纹或绳纹板瓦碎片以及陶瓷残片，还有铁钉和五铢铜钱。此层有少量石经残石。叠于其下的瓦砾堆积层，由碎砖瓦和石经残石构成，厚0.1～0.2米不等，包含物种类略同于红褐色土层，但瓦片和陶器片碎小而少棱角，堆放有较明显的层次。砖瓦间夹杂的地层土，硬度甚高，似为夯打所致，表面有路土残迹。从包含物看，这两层形成的时间理应比较接近，大约属于同一时期的前后两次堆积。其年代，约当西晋至北魏迁洛以前。这些汉石经残石的存在状况表明，它们是被当成普通碎石片，同碎砖瓦一起用来垫地的[15]。总之，无论是发掘出土品还是收集于民间者，在其出土地点，都找不出原为树立经碑处的证据。

据了解，20世纪二三十年代当地农民在太学遗址一带挖出的大量有字、无字石经残石，绝大部分也系瓦片坑所出，可见残石经和瓦砾伴存是一种普遍现象。发掘出土实物显示，这些同碎砖瓦一起用来垫地的残石经中，至少有相当一部分，带有敲砸或錾凿痕迹，显然属于经碑被有计划地錾凿、切割改作他用时遗弃的渣石。地层堆积进一步表明，无论是以残石经垫地或改作他用，都是发生在北魏迁洛以前的事。这种现象，当与前引《资治通鉴·梁纪四》所载十六国之后，冯熙、常伯夫相继为洛州刺史，公然"毁取石经以建浮图精舍"，其"所存者委于榛莽，道俗随意取之"密切相关，或可视为那场浩劫的真实记录。

新面世的三块魏石经残石，出于西安者，一石仅存一面，刊刻《尚书·康诰》；另一石为一石两面，一面刊刻《尚书·梓材》，另一面刻《春秋》成公元年、二年文；出于洛阳太学遗址者，亦一石两面，一面刻《尚书》立政和顾命，另一面刻《春秋》庄公二十七年至三十年文。它们和早年发现的魏三字石经一样，反映了魏石经二十八碑一面刻《尚书》、背面刻《春秋》的情况。

和魏石经相比，新出土汉石经的情况要复杂得多。查新面世汉石经刻文，1980 年发掘出土者中，有鲁诗（含校记）、仪礼（含校记）、春秋、论语四经和赞碑。历年散出于太学遗址一带者，有尚书（含书序和校记）、鲁诗、仪礼、春秋、公羊传等经和后记。上海博物馆所藏者，为鲁诗残石。汉石经所刻七种经传，除周易外，皆有经碑残石出土。以石经残文与今本诸经勘对，同样发现诸多有关篇数、篇目次序和用字的歧异之处，有些歧异（如出现于鲁诗、仪礼诸经者）还是相当值得重视的。在新面世的汉石经残石中，共有一石两面的实物十三件，其中尚书两件、鲁诗三件、仪礼四件、春秋两件、公羊传一件、后记一件。另有保存经碑诸边部的残石若干。这些都为研究汉石经经本和经碑复原，增加了重要依据和有利条件[16]。

范邦瑾通过对上海博物馆藏两块未见著录的汉石经鲁诗残石的校释和缀接，并最终形成残石所在经碑的完整碑图，是汉石经复原研究的新成果之一[17]。他在研究中所依据的两块鲁诗残石，甲石正面刻小雅之节南山和正月两篇，背面刻大雅之桑柔、瞻卬、假乐三篇；乙石，正面亦刻小雅之节南山和正月，背面存桑柔、瞻卬之残文。从而发现，石经鲁诗之篇序和今本毛诗有较大不同：石经桑柔、瞻卬、假乐三篇相连为序，而今本毛诗，桑柔之后有云汉、崧高、烝民、韩奕、江汉、常武等六篇，然后才是瞻卬，以上均属荡之什；而假乐则为生民之什篇中的第五篇，列在桑柔与瞻卬之前。

许景元通过对收集于民间的太学遗址一带所出汉石经 6278 号和 6874 号残石的考察、研究，复原尚书经碑之第一碑，是汉石经复原研究的又一新成果[18]。这项研究依据的两块石经残石，俱为一石两面。其中，6278 号石正面，上端是 9.5 厘米的空额，下为尧典和舜典经文；背面上端为 10 厘米的空额，下为舜典、皋陶谟、益稷篇的部分校记。6874 号石正面为皋陶谟、益稷、禹贡篇的部分经文，背面为秦誓篇末经文、书序和校记。有关经碑复原的考证认为，汉代刊刻尚书经碑所依确为欧阳氏本，而以大小夏侯二家经本的异文列入校记。依新出土书序残文，可证汉代今文尚书书序凡二十七，计其经文为二十九篇，因为经文将康诰、酒诰、梓材分为三篇，而序合而为一。其书序列于经文之后，虽然是另立一篇，但不计入经文篇数。尚书经碑的排版格式是首篇篇题、经文皆顶额书，次篇篇题顶额、经文则低一格书，依此循序而置以为常式。这样可能是为了醒目。新出土的尚书残石刊有尧典、皋陶谟、禹贡三篇经文，且在禹贡首行经文左侧 1 厘米多即是经碑的侧边，可见，尧典、皋陶谟二篇加上禹贡篇首的一段文字，就是尚书经碑第一面的全部内容。第一面当有碑文三十五行，每行七十三至七十四字。背面书序、校记的文字，书法也很工整，唯其笔迹细、字体略小而间距稍大而已。关于汉尚书经碑的总数，以往多以为是“十面五碑”。然这项复原研究以为，“尚书经文历来聚讼纷纭，新出的经文与今古文本都有很多异文，校记显然较多，可以预言尚书校记除此一面碑石外，肯定有另石书刻，因此，对尚书石经持‘十面五碑’之说，显然是需要再斟酌的问题”。

另外，据我们对新出土仪礼残石的初步考察，仪礼石经残字与今本经文出入较大。汉石经仪礼所依经本，文字较今本少得多，原石经仪礼所占碑数，肯定达不到十五碑之数。

依《洛阳近年出土的汉石经》一文，太学遗址新出土的8504号石，内容为后记。此石为一石两面，正面存字五行，文为"德舒｜□雨泽嫌｜臣训臣赐臣球｜（空一行）□宫｜"；背面存字两行，文为"又无表识｜书报许｜"。考证认为，碑文中的"臣训臣赐臣球"，应为熹平五年至光和中先后出任太尉、司徒、司空的许训、杨赐和陈球。从社会地位上说，他们也应是参与了太学石经的创建工程的。如其判断无误，则前述参与汉石经创建工程的人员名单中，还应补入许训、陈球二人[19]。

（五） 官府建筑遗址

迄今在汉魏洛阳城范围内发现并进行过一定规模发掘工作的官府建筑遗址，共有两处。一在汉晋洛阳城南，一在汉晋洛阳城内。其时代，分属汉晋和北魏时期。

1. 城南官府建筑遗址[20]

此处建筑遗址是1981年勘探太学遗址时发现。位于今偃师市佃庄镇太学村西，北对魏晋以降太学，西与辟雍遗址为邻，似未见于文献记载。遗址处地势高隆，南端早年已被破坏，现存部分略呈长方形，东西长约78、南北残长67米。东、北、西三面均有夯筑围墙残基，各宽2～3米，显为一处独立存在的院落。在此院落内，共探出夯土建筑基址三处：一处在东北隅；一处在北墙内侧中部偏西处；另一处在现存西墙内侧的最南部。

位于西墙内侧最南部的夯土建筑基址已经发掘。结果表明，它由南北相邻的两建筑组成，南为殿堂，北为廊道，其间相距 1 米余。殿堂的台基甚矮，高出地面 0.05～0.06 米，以一排长方砖拦边。其与西围墙的距离也为 1 米余。因遗址南部破坏过甚，殿堂台基南缘的位置难以确定，故而此建筑的整体形制无法准确把握。根据大面积揭露结合开探沟方式了解，台基东西全长为 20 余米，南北总长至少 18 米余。台基之上，中心部分夯土受损严重，未见任何与柱网相关的遗迹，但在周边部分，曾见到铺砖印迹并有柱础石或置础遗迹残存。各础位皆距台基边缘 1 米余，以北面的柱础石（或础石槽）保存最完整。在这里，共清理大小柱础石（或础石槽）九个，系大、小础石相间而置。相邻两大础石的间距皆为 4.5 米，其间的小柱础石与大础石的距离均为 2.25 米。如以大柱础石为准，北面应为四间。这种置础方式，与灵台下层建筑之回廊后壁完全相同，而且在诸柱之间还曾清理出一条稍高于周边部分的土棱。这使人想到，此殿堂台基的中心部分，当初是否也像灵台那样，是一个夯筑高台呢？北面绝无登台基设施，西面边缘因破坏太甚有无登台基设施无从查考，唯其东面确有登台基坡道。廊道的保存状况比殿堂要好，呈东西向，西端与西围墙垂直相接，东端尚未清出尽头，已知长度为 24 余米，廊基宽 3.6 米。其南侧筑有夯土墙，壁面局部残存涂朱白灰墙皮。墙南并有砖铺散水。廊道表面普遍发现路土和排列规则的小型柱础石（或础石槽）。柱础石（或础石槽）共五对，说明此段廊道长度已超过四间，每间面阔 4.5、进深约 1.4 米。

此二建筑的形式、结构业已显示，它可能属于官府建筑，而更有力的证据，则是发掘遗址所获绳纹板瓦、筒瓦上保留下来的戳印文字。据初步统计，在已捡出之附戳印瓦件中，印文与官府有关者，共三十二件，其中文为"南甄官瓦"者七件，仅为一"官"字者二十五件。此二建筑既为官府性质，那么，整个院落无疑应为一所官府。据其所在位置推测，此官府当与辟雍或太学有内在联系。

2. 城内官府建筑遗址

此城内官府建筑遗址位于今偃师市首阳山镇龙虎滩村村北、因其地势隆起而被当地称为"西岗"的地方，地当北魏洛阳内城宫前南北大道铜驼街东侧，距铜驼街不到 200 米。1958 年当地在此修水渠，曾出土不少带文字瓦片并发现夯土层。1963 年勘探时，于水渠东侧发现房舍残基四处。同年秋，对其中的一处进行了发掘，编号为 1 号房址[21]。

此 1 号房址建于时代稍早的夯土旧址上。房址现状，平面近方形，东西长而南北短，方向 5 度。其西端已被破坏，建筑遗迹无存，所存者只是房舍的东墙和南北二墙之残段。三墙皆素土夯筑而成，墙体宽厚而坚实，残高约 0.8 米。东墙厚 2.1、全长 11.8 米（墙长以室内长度计，下同）；北墙厚 1.8、残长 12.2 米；南墙内壁向室内有两处曲折，最大厚度约 13.7 米。三墙内壁均残存三层石灰墙皮，每层厚 0.06～0.08 米。外层墙皮为朱红色，色彩鲜艳，里面两层墙皮，颜色已褪。现残存者，多为处于里层之淡红色墙皮。这种现象，显为壁面曾经过多次粉饰的见证。室内充满厚约 0.8 米的砖瓦堆积，堆积层下即是以黄褐土垫平的地面，垫土层厚约 0.3 米。垫土地面上，未见铺地砖及柱础石等建筑遗存。现存三面房墙上皆未发现门址。

清理过程中发现，此房址并不是孤立的。其南墙仍在向东延伸，并残存着一段与其相连的墙体，墙体内壁以及 1 号房址东墙外壁同样粉饰朱红色石灰墙皮。距 1 号房址西端不远，还有另一间房址，它同 1 号房址当有密切关系。据此，发掘者推测，1 号房址可能是一组建筑的一间配房。其门址可能设在西墙南段某处。

1 号房址出土砖瓦类建筑材料较多，主要是北魏大型建筑遗址习见的细绳纹长方砖、花头素面板瓦（檐瓦）、齐头素面板瓦、素面筒瓦、扁平菱角状长柄瓦钉、莲花纹瓦当、兽面纹瓦当、兽面纹雕塑砖、陶鸱尾残块。另外，还发现铁钉、铜钱等。素面板瓦、素面筒瓦表面矸磨光滑并有黑色光泽，不少瓦件上刻有文字。兽面纹雕塑砖，见有大小两件。小者长 43、宽 34、厚 5 厘米。大者长 57、宽 45、厚 6 厘米。兽面纹神态凶猛，竖耳怒目，张口吐舌，獠牙外露，二眼珠上各留一圆孔，用以穿钉将其固定于建筑物上。砖面乌黑发亮，堪称北魏建筑雕塑中的精品。

根据壁面粉饰及所用建筑材料判断，1 号房址应是一座颇为豪华、庄严的建筑，属于官署府庙一类的建筑遗存。以其位置与《洛阳伽蓝记》关于铜驼街两侧重要建筑的记载比照，发掘者认为，它可能是北魏宗正寺或太庙建筑遗址的一个组成部分。

（六）寺院遗址

据杨衒之《洛阳伽蓝记》记，自东汉明帝于洛阳城西建立第一座佛寺白马寺后，至西晋怀帝永嘉年间（公元 307～313 年），洛阳城内已有佛教寺院四十二所。逮至北魏迁洛，"笃信弥繁，法教逾盛。王侯贵臣，弃象马如脱屣；庶士豪家，舍资财若遗迹。于是昭（招）提栉比，宝塔骈罗，争写天上之姿，竞模（摹）山中之影，金刹与灵台比高，广殿共阿房等壮"。佛寺总数达到一千三百六十七所的惊人数目。汉魏洛阳城的这一特殊文化现象，历来受到人们的极大关注。

1. 汉魏洛阳佛寺的发现

东汉以来的白马寺，即今洛阳白马寺的前身，无论是历史学家、宗教史家还是考古工作者都持同一看法，迄未出现不同认识。

西晋洛阳四十二寺，由于文献记载贫乏，能确知其名称、地望者不多。汤用彤《汉魏两晋南北朝佛教史》云："今日可考者，西晋时亦有十数"。其所云十寺，除白马寺外，尚有东牛寺、菩萨寺、石塔寺、愍怀太子浮图、满水寺、盘鸱山寺、大市寺、法始立寺、竹林寺。然其中如盘鸱山寺，去都城百余里，显然不在西晋洛阳城范围内。范祥雍撰《洛阳伽蓝记校注》，复于"城东建阳里"条下，捡出一西晋佛寺太康寺。总算起来，也只有十寺之数。而今考古工作涉及到者则更少，只有白马寺一例。

对北魏洛阳的众多佛寺，因有《洛阳伽蓝记》的记述，各寺院的方位约略可知，然得以确定其遗址者，今仍寥寥无几。除白马寺外尚知，王南寺约在内城西垣承明门外200余米处。勘探北魏洛阳外郭城时发现，承明门外大道由城垣往西250米即行中止，道路中止处，有一片范围颇大的砖瓦堆积层，结合前引《洛阳伽蓝记·序》关于为便于孝文帝往城西王南寺同沙门论议而开承明门的记事推测，砖瓦堆积层应同王南寺遗址有密切联系。秦太上公寺当在城南灵台西，遗址为今大郊寨村所压，居民建房多次发现夯土、石柱础等遗物。禅虚寺应在城北大夏门外大道西金村西砖厂处，据说砖厂取土曾挖出不少宗教遗物，我们曾目睹其中的一方汝南王元悦修治古塔愿文刻石。石长50、宽30厘米，刻文题为"治古塔一千躯愿文"、"侍中太尉公汝南王自造，时年廿八岁"。经过缜密调查和大规模发掘的，唯有城内的永宁寺遗址。

2. 北魏洛阳永宁寺遗址[22]

永宁寺位于北魏宫前铜驼街西侧第二列坊内，东邻太尉府，西对永康里，南界昭玄曹，北有御史台。该寺系孝明帝熙平元年（公元516年）灵太后胡氏所立，是北魏洛阳城内最著名的佛教寺院，也是孝文帝都城制拟置于内城的唯一佛寺。

永宁寺遗址整体为一长方形院落，南北长301、东西宽212米。四周建有夯筑围墙，墙宽1.5米，每面各开一门。寺院西南隅有一座角楼。对寺内建筑，《洛阳伽蓝记》卷一记述颇详，说是中有九层浮图一所，架木为之。浮图北有佛殿一所。另有僧房楼观一千余间。考古勘察与发掘，虽未能发现僧房楼观，但知九层木塔塔基建于寺院中部稍偏前处，与寺院南门和东、西门直对（图一六）。塔基处出土大量不同规格的佛、菩萨、弟子残像，以及各类供养人残像和其他雕塑残件。佛殿位于塔基正北，南距塔基约60米，因破坏过甚，除出土少量残砖瓦外，未见能够说明其用途的遗物。由《洛阳伽蓝记》的记述看，殿"中有丈八金像一躯、中长金像十躯、绣珠像三躯、金织成像五躯、玉像二躯，作功奇巧，冠于当世"。像虽好，但品类、形制参差不齐，似非主要用于寺内供养，或为游行用之各类佛像存放于此。显然，九层木塔应是该寺的主体建筑，既为灵像之所在，又是寺内举行各项宗教活动的主要场所。这就从建筑上，为我们形象地展现出一种以多层木构佛塔为主、以佛殿为辅的佛寺平面布局。这种平面布局在

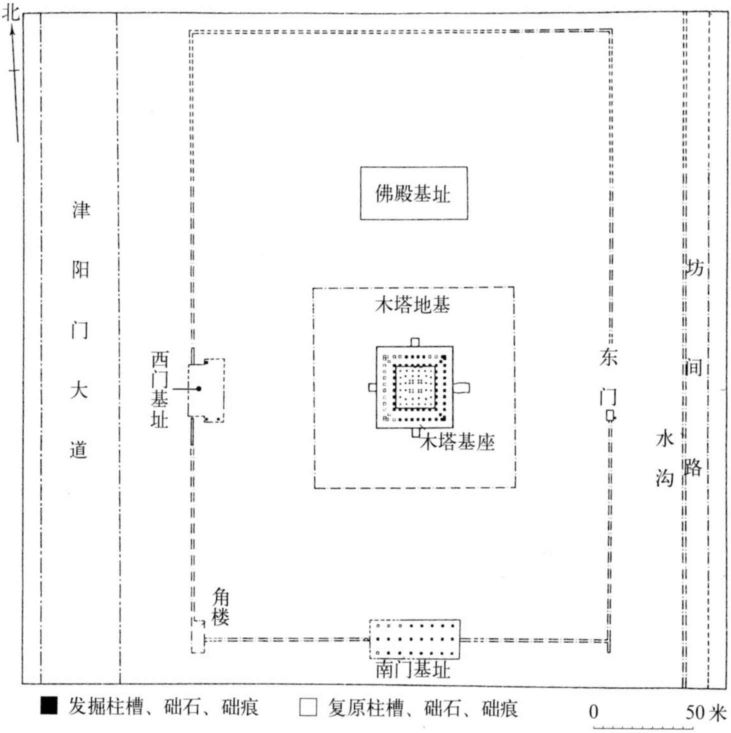

图一六　北魏洛阳永宁寺遗址平面图

（采自《北魏洛阳永宁寺》）

当时应具有一定的典型意义。

依照《洛阳伽蓝记》的描述，永宁寺的各类建筑异常辉煌壮丽，几乎可与皇宫相媲美。其"寺院墙皆施短椽，以瓦覆之，若今宫墙也"。"南门楼三重，通三道，去地二十丈，形制似今端门"。塔北佛殿，"形如太极殿"。一千余间僧房楼观，"雕梁粉壁，青璅绮疏，难得而言"。这些建筑皆可视为其时同类建筑的代表作，如今其原貌已不可再现，考古发掘所

能够清理出来的，只是保存于地下的残基。寺院的院墙，未进
行全面揭露，仅在发掘诸门址时，作过一些局部清理。院墙的
建造程序是：先按规划就地挖成基槽，然后逐层填土、打夯
筑成墙基；再于墙基中部，以版筑法修筑墙体。墙体根部宽
1.2～1.4 米，内外壁面皆施一层厚约 0.01 米的白石灰膏，表
面抑或另加朱红色彩饰。永宁寺南门建于一座长方形夯土台基
上。台基东西长 45.5、南北宽 19.1 米，系就地取土、以平夯
版筑而成。台基四面陡直，高约 1.2 米，未见包砖或包砌青石
痕迹。环绕台基基部，以残碎瓦片铺成散水，散水宽约 1.3
米。在台基附近地层土中，曾发现一些破碎青石残块，或为被
打碎之相关建筑构件。台基表面已非当初地面，柱础石无存，
所见唯有一排排布列有序的方形黄沙"础痕"（此黄沙原铺于
柱础石下，起着保证础石放置平整和稳固的作用）。黄沙"础
痕"全数应为二十四个，自南至北分三排布列。据其推断，
此门应是一座面阔七间、进深两间的巨大建筑。居中五间，开
间为 5.6 米。二梢间，开间为 4.95 米。每间进深都是 6.85
米。其所用柱础石，形制也当如黄沙"础痕"，为方形，边长
1.1～1.2 米。在门址内外，均有路土发现。与南门相比，寺
院东、西门遗址保存状况较差。东门遗址，门址两侧的寺院东
墙，墙基残毁殆尽，门楼建筑台基支离破碎，整体面貌难以查
清。所见与门址相关的建筑遗迹，只有一块未曾移动过的柱础
石和墙外残留的一段东西向路土，仅可据以确认此门的确切位
置。西门遗址，虽台基犹存，但其周边及台基面上破坏坑密
布，满目疮痍，柱础石等建筑遗迹之幸存者，只二三例。西门
台基也系就地挖槽、夯筑而成。其总体形制，不像寺院南门那
样为规整的长方形，而是西窄东宽，恰似一个侧卧的凸字。凸

字的较窄部分，南北长 24、东西宽 8 米，居于寺院西墙缺口内；较宽部分，南北长 30、东西宽 10.2 米，位于寺院西墙东侧。假如用一种较为笼统的方式表述应是：其整体呈侧卧的凸字形，南北长 24～30、东西宽 18.2 米。现存台基表面，清理出零散分布的黄沙"础痕"三个、后人掘取石质建筑材料留下的破坏沟一条，另有被人翻动过的方形青石柱础一块。据此复原西门建筑无疑是困难的。不过，从台基规模及现存建筑遗迹分析，说它是面阔多间、进深两间的建筑，似无多大问题。《洛阳伽蓝记》在描述永宁寺南门景观之后称："东西两门亦皆如之。所可异者，唯楼二重。"按字面理解，其含义似乎是东、西门结构如同南门，唯其门楼有三层缩减为二层。然前述发掘资料表明，西门台基规模远小于南门，二者形制也有较大差异，因而无法完全按照南门的样子建造西门。塔北佛殿遗址，故 310 公路经其南，陇海铁路过其北，是当初筑路工程的取土区，破坏之重，可想而知。今此处地势低下，揭去薄薄一层耕土，即见殿基夯土。建筑台基之地上部分无存，尚存者仅是原位于地下的基础。此基础整体呈东西长的长方形，东西长 54、南北宽 25 米。以平底圆夯夯筑而成，土呈黄褐色，致密而坚实。《洛阳伽蓝记》称其"形如太极殿"，太极殿乃宫中正殿，足见其当初之雄伟壮丽！惜因遗址保存太差，无由恢复原貌，然现存遗址表明，其规模必大于寺院南门。如按南门的开间、进深标准予以估计，此佛殿或为面阔九间、进深三间的大型建筑。

　　与上述诸建筑相比，名声最大、最为世人瞩目、遗址保存也最好的，应是被视为中国建筑史上奇迹的九层木塔。此塔以挺拔高峻、构思巧妙、装饰豪华著称。《洛阳伽蓝记》记载，

"举高九十丈"（按，《水经注·谷水》云："自金露盘下至地四十九丈。"学者多以为这一数字比较可信），有刹，复高十丈，合去地一千尺。去京师百里，已遥见之。"刹上宝瓶、承露盘皆金制。塔之不少部位皆悬金铎，合上下有一百二十铎。塔有四面，面有三门六窗。门皆朱漆，每扉五行金钉，合有五千四百枚，复有金环铺首。"殚土木之功，穷造形之巧。佛事精妙，不可思议"。据发掘塔基可知，此塔建于大约100米见方的夯土基础中部。基座作正方形，长、宽各38.2、高约2.2米，内芯为夯土，四壁以青石条包砌。每面各建一慢道，以供上下。顶面周边装置石雕螭首和栏杆。基座之上，犹存木塔初层的建筑遗基。此遗基由布满基座顶面的方格形柱网和以木柱、土坯混作的方形实心体构成。方格形柱网共有一百二十四柱，分五圈排列。最外圈为檐柱，每面十根，且于四角各增二柱。从第四圈至第二圈，每面木柱数目依次递减，分别为八根、六根、四根。最内圈与其他圈不同，实由以四柱为一组的四组木柱组成，以充担都柱的功能。第四圈木柱以内，即是木柱与土坯混砌之方形实心体的面积。因承重的需要，除最外圈木柱用一层础石外，其余各柱之下，础石皆为三层叠置，总厚度可达1.8米。在檐柱和方形实心体之间，实为一条宽约一间的环形廊道。方形实心体的东、南、西三面，各设五个壁龛，以供神像，穿环形廊道，便可礼佛并作法事。方形实心体北面无龛，留作架设登塔木梯之用。檐柱间曾发现多处檐墙残基，壁表涂抹朱红墙皮或残存彩绘痕迹，依其分布规律推断，每面确为三门六窗的形制（图一七）。这份发掘资料为研究复原这一历史上的建筑奇迹，提供了可信的科学依据。

根据对上述实际资料分析，我们在发掘报告中提出，与建

图一七　北魏洛阳永宁寺塔基全景（南—北）

成这一高峻精妙木塔密切相关的技术要素，主要有三点。一是有一个边长与塔高接近的方形夯土基础，夯土厚度超过2.5米。二是塔体之内，自下而上，有一个以土坯砌体包涵木柱柱网形成的巨大土木混合结构的塔心实体。实体之中，中心一圈共四柱，且各向外侧增加三柱，形成四组四柱组合体。它们和另外三圈木柱之下，皆叠置三层方石作柱础。土坯砌体内，放置纵向或横向的条木。三是，由塔基四隅内、外角皆有增柱现象看，木塔四角曾特意采取措施，进行过与其所在部位相适应的技术处理。

　　发掘资料以简报或正式报告形式发表后，在古建筑学界引起强烈反响，已有多篇文章从建筑学角度，就木塔高度、塔身比例、层高设计等等方面提出自己的看法，并就一些细部结构进行了探讨，研究正一步步引向深入。对于建筑专家们的研究成果，这里不作全面复述，只简略提出我们明显感觉到的一些看法方面的异同。首先从建筑形式看，研究者无不以为永宁寺木塔是一座每层均置平座的多层建筑，但涉及到木塔总高、塔身比例和层高设计、建筑结构，学者们的意见便产生了歧异。比如，关于塔高，杨鸿勋、钟晓青都认为，《魏书》和《水经注·谷水》较为可信。杨鸿勋明确提出"复原塔高可采纳'四十九丈'之说。四十九丈合 133.7 米；加塔刹总高按五十四丈计，则为 147 米，是现存辽代应县木塔的 2.2 倍"。钟晓青认为，"查现知北魏平城佛塔形象，塔身高阔比没有超过 5∶1 者。故平城永宁寺塔很可能是面阔七间、塔身高阔比在 4.5∶1 左右。……洛阳永宁寺塔底层面阔为 10.8 丈，姑且按塔身高 49 丈计，高阔比为 4.54∶1，与平城永宁寺塔的塔身比例大致相符"。"此塔开间比例狭高，应是由于高层建筑为承受上部巨大荷载而采取了柱网加密的做法"。对以上两点，陈明达似都持有异议。他表示："对于塔的高度，只能作粗略的估计。文献记载一说去地千尺（272.66 米），一说四百九十尺（136.06 米），均不足为据。按现知唐辽时代建筑层高均为间广之倍，而在前述此塔可能的结构形式下，层高可能要小一些。现仍按层高为两个间广估计，得每层二丈八尺，九层共高二十五丈二尺合 68.76 米；刹高假定三丈合 9.2 米；现存两层阶基共高 4.7 米，则全塔总高最大可达 81.66 米。可见文献对高度的记载都过于夸大了。"各家的木塔复原研究所据有异，因而产生的复原图也有诸多差别。其中最显著者，是杨鸿勋所作复原图，每层四隅皆有一个阙式角墩，形如山西朔县崇福寺原藏北魏天安元年（公元 466 年）曹天度造九层石塔。其他如钟晓青所绘复原图，四隅不置阙式角墩。后者似与发掘清理出来的建筑遗迹更为吻合（图一八、一九）。

永宁寺遗址出土遗物十分丰富，可归纳为各种彩塑、壁画

图一八 北魏洛阳永宁寺塔复原透视图

（采自《文物》1992 年第 9 期杨鸿勋《关于北魏洛阳永宁寺塔复原草图的说明》）

图一九　北魏洛阳永宁寺塔立面复原图

（采自《文物》1998 年第 5 期钟晓青《北魏洛阳永宁寺塔复原探讨》）

残块、建筑材料和其他遗物四类。除建筑材料留待后述外，其余遗物中，尤以各种彩塑最为重要。限于篇幅，兹仅扼要叙述对各种彩塑的一些初步认识。

永宁寺遗址所出彩塑，种类颇多。既有塔心实体诸龛所供神像、塔心实体壁表所贴仿高浮雕影塑像、供养人像，又有像座、龛饰和其他饰件，总数多达一千五百多件。其主要出于九层木塔塔基周围，几乎全部为残件或碎片。所有彩塑皆为泥质，除少数饰件或为模制外，均系手工雕塑而成。因木塔毁于火焚，彩塑多已烧成深浅不等的砖红色以至青灰色，少数被烧瘤。原妆銮色彩严重褪变，原貌不复可见。虽则如此，由于其制作考究，工艺精湛，气韵生动，仍不失为艺术珍品（图二〇、二一）。

为进一步说明永宁寺遗址出土彩塑的学术价值，发掘报告曾以各类人（神）塑像为例，指出以下三点：

其一，制作时间明确。如前所述，永宁寺（塔）始建于孝明帝熙平元年（公元516年），毁于孝武帝永熙三年（公元534年），自始建到毁废，总共才经历了短短十八年的时间。这就为永宁寺彩塑的制作，划定了一个明确的最大时间范围。然从《魏书·崔光传》看，神龟二年（公元519年）八月建塔工程业已基本竣工，唯塔内尚未安置各种神像。鉴于除大型塑像因资料缺乏难以作出判断外，其他各类塑像都有可能是在塔外预先完成或基本完成而后移置于塔内。考虑到正光元年（公元520年）七月胡太后即开始了长达七年的幽禁生涯，我们认为永宁寺塔内彩塑的制作及完成，很可能在正光元年七月之前。

其二，在所出一千余件人（神）塑像残件中，包括等身或

图二〇　北魏洛阳永宁寺遗址出土菩萨头像

超等身大型塑像、身高1米左右或1.3～1.4米的中型塑像、身高约0.5米的小型塑像，以及身高一般为0.2米上下的影塑像。每种塑像残件的数量，从一百二十余件至四百四十余件不等，其中都含有一定数量的头部、躯干、手足及服饰残件，为探讨永宁寺塑像的规格和品类提供了良好条件。经整理、分辨大、中、小型人（神）塑像残件发现，所见头像、身像残件几乎全数属于佛、菩萨、弟子或供养人像，未见特征明显的天王、力士形象残块。这表明，当时人们作为主要供奉对象而创作的塑像，仍然只是佛、菩萨、弟子三种。在这种情况下，神龛中一铺造像最可能出现的组合形式，应是一佛、二菩萨或者

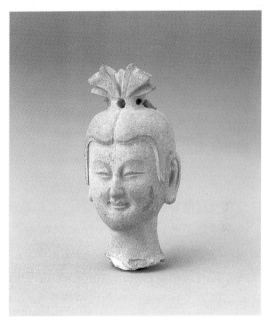

图二一　北魏洛阳永宁寺遗址出土供养人头像

一佛、二菩萨、二弟子，当然，也不能排除以一身、二身或二身以上佛像为一铺造像的可能性。鉴于形体大小相近的造像不是很多，弟子立像残件更为少见，似乎一佛、二菩萨应是最常见的造像组合形式。影塑像中，佛、菩萨、弟子、飞天塑像所占比例甚小，而大量的应是世俗人物像。世俗人物像内，有一种立像，数量不多，衣着雍容华贵，气宇轩昂，社会地位显然较高，颇具帝后仪相。另有几种世俗服装立像，人数甚众，身着裲裆或胡服，手中原持物或不持物，背后或挎箭箙，当为侍从或仪仗人物形象。由这些影塑人物构成的完整画面，很可能就是以影塑形式出现的帝后礼佛图。这种帝后礼佛图，不仅同洛阳龙门和巩县石窟寺中的浮雕帝后礼佛图有异曲同工之妙，而且人物神情生动、细腻、传神，总体艺术效果甚至比石刻更好。

其三，塑像的制作工艺和艺术风格都表现了强烈的时代特征。塑像不论大小，均采用身、首分别制作后，将颈部末端插入胸腔，并以细泥将结合部抹平的方法制成。这种做法与北朝墓葬陶俑的制法基本相同，唯其不用模制成形，而自始至终坚持手工雕塑，故而远较墓葬陶俑表情丰富，体态自然，富于个性。其具体操作过程大致是：身、首两部分的胎体，皆以粗细不一的木棒及其他辅助材料为骨，于其外层层敷泥制成。一般敷泥三层，内层用草拌泥或粗泥；中层用泥稍细；表层用细泥。为了适应影塑类雕塑品工艺方面的要求，保证形象多姿多彩、委婉生动，普遍使用金属材料为主骨架和辅助性骨架，充分发挥其质地坚硬、柔韧性强的功能。塑像表面的加工处理极其认真精细。除裸露部分敷薄薄一层细泥浆并仔细研磨光滑外，各类塑像的服饰都是综合运用就像胎敷泥，以及贴塑、插附等各种艺术手法完成的。塑像的大件服装，如比丘的袈裟、菩萨的长裙、佛像的通肩大衣等，主要以就像胎敷泥手法完成。外层服装及饰件，如上层衣领、披帛、璎珞、项圈及部分头饰（如莲花形饰）等，则是在大件服装及有关形象基本完成后，再将预制之衣片或饰件按照预定部位粘贴上去。即使一像身穿多层服装、佩戴多种佩饰，也都一层层精心粘贴，一丝不苟。从塑像之髻、冠、肩头等部位经常发现插物孔、小金属丝、金属片看，其发髻簪花、花冠簪花、肩头条带状饰物、仪仗手中所持物，还有某些大像的指甲、白毫等，是以其他材料制成后，插附、镶嵌于各相应部位的。各类塑像延伸出体外或随风飘扬的部分衣饰，动感最强，往往是塑像生动与否的关键所在。为确保这部分衣饰达到最佳效果及长久保存，其中皆装有金属丝。完成塑像的最后一道工序，是敷彩妆銮。因经火烧，永宁寺彩塑的色彩严重褪变，而今尚可得见者，多为残留于塑像面部、手掌、手指及个别衣饰上的金色，少数冠顶上的蓝色，衣领上的黑色，服装缘边和衣摆上的白色、黑色、赭红色，以及服装表面加绘之褐色或黑色花纹。影塑世俗服装立像标本 T3：2633，是所有塑像残件中唯一一件未经火烧或烧灼较轻微的身像残件，像表颜色鲜艳，当与原貌接近。此像上穿圆领内衣和两层交领外衣，下着背带长裙。像背裙腰下方，有一长条状物斜向下垂。上身之圆领内衣呈黑色，内层交领衣领为红色，外层交领衣为黑色白领，宽裙带和背带略呈白色，裙面饰红白相间的彩条。像背斜向下垂之长条状物，上饰五排黑色的圆点纹。

永宁寺塑像作为北魏晚期的佛教艺术杰作，时代感极强，对于考古学或者古代雕塑艺术史的研究，都有重要学术价值。佛、菩萨、弟子像体态已转向丰满，面相方圆或长圆，长眉细目，直鼻大耳，小口薄唇，表情含蓄，隐现庄严慈祥与虔诚。佛装层次增多，而外衣几乎全是双领下垂式袈裟，穿通肩大衣者罕见。菩萨装，最流行样式是上身裸露，下着密褶或宽褶长裙，上身为各种饰件所掩盖，裸露面大大缩小，曾经颇为流行的所谓斜披络腋，已经十分少见。门类众多的世俗人物，除胡人外，从面目到装束似与中原人物没什么两样。对各种服饰的形式处理也有自己的特点。衣纹刻划既无贴泥条式，也很少单独使用线刻纹，最为常见的，是塑制而成的圆转流畅的阶梯形衣褶，下摆也不再那样紧密、重叠、繁复，变得简洁、明快，更趋自然。这些对于类型学研究颇具典型意义。

永宁寺泥塑像标志着一种新的造像风格似乎正在孕育之中。这种新风格来自雕塑艺术家们写实主义的创作态度，也得力于南北艺术风格的汇流与交融。

（七）建筑技术和建筑材料的新发现

通过前述汉魏时期洛阳城内主要建筑遗址的发掘、清理，不仅对民居以外的城门、宫殿、官府、礼制建筑、学校、佛寺等有了一定的了解，同时，也取得了一系列有关建筑结构的实物资料。古建筑学家所进行的重要建筑遗址复原研究，对人们认识当时建筑技术的发展水平和相关建筑的历史风貌，将有多方面的启迪。为进一步充实关于汉魏时期建筑的实物资料，有必要补充说明考古工作中有关建筑技术、建筑材料的新发现。

1. 有关建筑技术的一些问题

其一，凡较大型或大型建筑皆为高台建筑。无论台基高矮，地下都筑有一个面积较建筑更大的夯土基础。夯土基础一般是就地挖槽、逐层填土夯筑而成。基础夯土的面积、厚度，随建筑而不同，但无疑同建筑本身的大小、高矮成正比。小型建筑，只在夯土墙下挖槽筑墙基，一般不用满堂夯土基础。建造基础所用填土，通常是原地挖出来的素土或杂土。永宁寺塔基的地基，用白灰、细沙、黄土混合搅拌而成的"三合土"铺垫，是目前仅见的实例[23]。

其二，在汉魏时期，伴随建筑技术的发展，夯具似也有所变化。清理建筑遗址发现，汉至晋代夯窝多呈圆形圜底，直径通常为5厘米左右；北朝时期，夯窝多为圆形平底，直径一般为 7 厘米。这似乎意味着，夯具的大小和重量随时代而有所增加。

其三，汉至晋代建筑，柱础石一般都用暗础，即在置础前先在预定位置挖成方形础槽，放入柱础石并立柱后，再以杂土将础槽填实。因柱础石深藏不露，故而不做细致加工，仅取其形状略方、上面粗平而已。为求得础石平稳，于石下支垫残碎瓦片和杂土。北魏时期的建筑已开始较多的使用石面外露的础石，即虽仍用挖槽置础的做法，但柱础石的顶面已暴露于外，约与室内地面取平。柱础石加工较汉至晋代规整、精细，顶面平滑如镜，中心并有一个圆形柱榫窝。为保持柱础石平稳所采取的措施，多为在柱础槽底铺一层颗粒较大的黄沙[24]。与此同时，还出现一种直接将柱础石按预定位置筑于夯土之中的做法。采用这种做法的柱础石，一般体量较大，状如旧日之方形秤砣。需要说明的是，在此一般规律之外，尚不能说汉魏时期没有其他形式的柱础石存在。1987 年发掘汉晋洛阳城西的东汉墓园时，就曾发现过较为原始的"覆盆柱础"[25]。其方形座埋入地下，座面与覆盆部分完全暴露于地面，覆盆顶部无柱榫窝。不过，这种"覆盆柱础"是否确为建造房舍使用的柱础石抑或某种建筑设施的基座，因无确凿证据，尚不能断定。

另外，汉魏时期建筑的室内地面处理，一般为素土地面和砖铺地面两种，像永宁寺塔基之初层建筑那样，地面涂抹白灰，是一种比较特殊的做法。汉魏时期的普通房舍，通常只有山墙和后墙为夯土墙，后檐柱大半包在后墙内。也有一种做法，是与后檐柱相对、在后墙外侧另立一柱，形成夹壁柱的形式，起到增强承重能力的作用。

以上种种，同样体现了汉魏时期建筑的时代特征。

2. 关于建筑材料

这里所说的建筑材料，包括各种砖、瓦、瓦当以及部分石质建筑构件等。重点不在于对各种具体遗物的报道，而是记述现已发现的一些有规律性的发展演变关系[26]。

汉魏洛阳城遗址所出砖类遗物种类较多，规格既繁且杂。其中最主要的门类，是长方砖、方砖和兽面砖。

长方砖是使用范围最广的砖类，几乎无处不有。所见长方砖有大小两类。大型长方砖，全长 48 厘米左右，民间俗称"大城砖"，较大型东汉墓常用以砌壁，然在城内建筑遗址仅在堆积层内偶有所见，且多系残块。此类或主要用作墓砖。而至今仍见于建筑残壁或铺设室内外地面者，皆系小型长方砖。汉至晋代小型长方砖，皆为模制，规格大小多有差异。砖长一般在 25～32 厘米之间，砖宽大致为砖长之半，厚 5～6 厘米。二砖相并，基本成正方形，按照现今的述语，可称为"对方砖"。制砖皆用粗泥，其间未见羼合料。砖多呈浅灰色，质不太密，硬度也不太大。表面多饰绳纹，少数无绳纹而保持素面。饰绳纹者，绳纹疏而浅。北魏时期的小型长方砖亦为泥质、模制。砖呈青灰色，形制规整，棱角分明。泥内羼杂白色细颗粒状物（石英？），火候远较汉至晋代长方砖高，质地也坚硬得多，以红沙石与之相撞，石碎而砖无损，故而有人戏称其为"钢砖"。砖的规格比较一致，一般长 25、宽 13、厚约 5 厘米。砖面饰绳纹，绳纹排列整齐，且较汉至晋代长方砖深、密。

汉至晋代方砖已知用途为铺地，分素面方砖和模印花纹方砖两种，边长通常为 43 厘米左右，厚约 4～5 厘米。模印花纹方砖，纹样仅见由横条纹和▨字纹有规律排列组合而成的几何图案一种。迄今尚未看到北魏铺地方砖实例，但在太极殿遗址北侧接近北魏地面处曾清理出仿方砖的方形铺地石板半块。依其复原，原大当小于汉至晋代方砖，表面雕刻纹饰，纹样略同于汉至晋代模印花纹方砖。

兽面砖，无疑是建筑上的构件，具体使用部位，因无佐证，不宜遽断。其出现时间，约为北魏或稍早。所见也有大小两种，小者高、宽都在20～30厘米之间，大者高43～57、宽34～45厘米。无论大小，皆作下方上圆的形制，背部略平，偏上部有一二透孔，既可以附贴于建筑之某个部位，又可以在透孔处穿钉，将其钉在建筑物上。砖上纹饰皆为浮雕式，但形象有所不同。大型兽面砖上，仅模制出一面目狰狞、威猛的兽面。小型兽面砖上，除兽面外，尚可看到兽肩和两只前腿。所见大型兽面砖制作特精，表面经过特殊处理，黑亮且有光泽。

汉魏时期板瓦形制较大，据较完整标本测量，最大长度可达50厘米以上，宽度当在30厘米以上。汉至晋代板瓦皆呈浅灰色，泥质，里面有布纹，外表饰绳纹，厚度一般为1.5厘米左右，瓦头平齐（图二二）。绳纹的风格，随时代而有所不同。东汉瓦绳纹细密，排列整齐。魏晋瓦绳纹较零乱草率，并且有较明显的分组现象，瓦面凹凸不平。魏晋至十六国板瓦中，有一种较为少见的标本，瓦体稍厚且较规整，里面亦有布纹，但表面不饰绳纹而饰篮纹。北魏板瓦风格与汉至晋代截然不同。其瓦件规整厚重，厚度约在2～3厘米之间，最常见者为2.5厘米左右。里面有布纹，表面磨光，也有表里皆磨光甚至研光者。一般瓦件两端皆齐平无纹饰，但檐瓦之大端，则捏成或刻成水波状，并见有故意加厚的现象。

汉魏时期筒瓦的发展变化，与板瓦表现了大体一致的趋

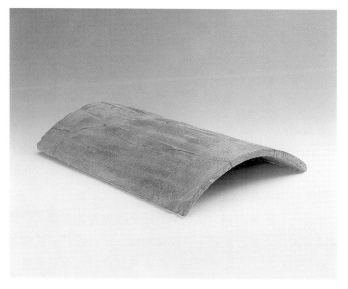

图二二　偃师东大郊太学遗址出土绳纹板瓦

势。汉至晋代筒瓦，泥质，模制，里面有布纹，外表饰绳纹。瓦件都较为轻薄，唇短，肩较矮（不到1厘米）且平缓。瓦表绳纹也如板瓦一样，东汉瓦细密规整，魏晋瓦较零乱草率，且有较明显的分组现象。北魏筒瓦的瓦体显然厚重，表面磨光，素无纹饰。瓦唇较长，最长可达6厘米。肩高而陡，高度多为1～1.4厘米。北魏筒瓦之精工者，表面亦黑亮而有光泽。为防止瓦件下滑而于筒瓦上施瓦钉的传统做法，汉魏时期仍继续沿用。此类筒瓦的瓦体上皆有一个透孔，以方便穿瓦钉之钉柄。

这一时期所见瓦钉有两种形制。一种形如圆形盖帽钉，帽顶模印几何花纹。另一种，作扁平式长柄菱形，菱形部分镂孔且形成几何花纹。前者当为汉至晋代遗物，与洛阳东周瓦钉略

图二三 偃师龙虎滩村北魏官府遗址出土素面筒瓦及瓦钉

同，后者则为北魏新出现的样式，具有较强的装饰作用（图二三）。

汉魏瓦当皆为模制圆瓦当。规格大小有别，约与建筑本身的大小有密切关系。

从瓦当所饰图案看，东汉至魏晋瓦当，边轮高且宽，内饰各类云纹。云纹图案的中心部位为一凸起的圆泡（图二四），圆泡上和圆泡周围或饰模印四叶纹、柿蒂纹、乳钉纹等。有一类云纹瓦当，于云纹图案外围，加饰一周或疏或密的锯齿纹，是迄今所知魏晋时期始广为流行的云纹瓦当新品种。此外，在东汉洛阳城西的东汉墓园遗址还清理出一种云纹瓦当，其云纹

图二四 偃师东大郊汉晋辟雍遗址出土云纹瓦当

图案与一般云纹瓦当无异，独特之处在于其当心圆泡上，赫然模印出一个五官须髯毕具的兽头。它或者预示着日后兽面瓦当的出现。到北魏时期，瓦当纹样陡然大变，战国以来长盛不衰的云纹瓦当从此销声匿迹，代之而起的则是各式各样的莲花纹瓦当和数量相对少一点的兽面纹瓦当。

也许是永宁寺为当朝太后所建佛寺的缘故，所用瓦当也与其他宫殿、官府有异。遗址所出瓦当，除饰莲花纹或兽面纹者，更有各式莲花化生纹瓦当、忍冬纹瓦当、变体忍冬纹瓦当等（图二五）。另有一种兽面纹瓦当，兽面纹头顶生长二角，颇似龙纹。这些瓦当品种，在北魏洛阳以至全国的北魏遗址中，

图二五　北魏洛阳永宁寺遗址出土变形忍冬纹瓦当

都是比较罕见或者根本不曾见到过的。

北魏瓦当中，同样不乏制作工整、外表黑亮而有光泽的精品。

对汉魏洛阳城出土瓦当，有人曾进行过专题研究。研究者从分析汉魏瓦当的类型和特征入手，探讨它们的分期和年代，并总结出汉魏瓦当发展演变的规律[27]。研究者将永宁寺遗址以外出土的瓦当分作四类十三型，最后归纳为三期。第一期，瓦当的主要类型为文字瓦当和普通云纹瓦当，"年代主要为东汉时期及前后"。第二期，瓦当的主要类型为云纹瓦当中云纹图案外围加饰一周由小短斜线组成的圈带，或加饰一周锯齿纹者，"年代主要为曹魏和西晋时期"。第三期，瓦当的主要类型为兽面纹瓦当和各式莲花纹瓦当，"年代主要为都洛后的北魏时期"。

以上陶质建筑材料中，同样受到人们关注的，是那些质地坚实，制作精良，胎呈鲜亮的青灰色，表面经过刮削、砑磨、呈黑灰色且略有光泽的北魏板瓦、筒瓦、瓦当和兽面砖。它们都是当时新出现的优质砖瓦。源其工艺，似同《营造法式》所载之青辊瓦接近，应属于此类砖瓦件的早期产品。

除陶质建筑材料之外，汉魏洛阳城遗址还出土过多种石雕建筑构件，如永宁寺塔基所出石雕螭首、平板式浮雕栏板，以及城东出土的北魏石雕狮首、汉魏石蟾蜍等。石雕螭首和石雕狮首皆为北魏大型建筑基座侧面饰件，兽首后面有方柱状榫部，可嵌于基座侧壁。兽首俱作方头兽面，神态雄猛威严，与东魏、北齐同类石刻相比，造型更为古朴雄浑。石雕蟾蜍形如伏蛙，腹空，亦为汉魏建筑石刻之精品。

注　　释

[1] 中国社会科学院考古研究所洛阳汉魏故城工作队《汉魏洛阳北魏建春门遗址的发掘》，《考古》1988 年第 9 期。

[2] 中国社会科学院考古研究所洛阳汉魏故城队《河南洛阳汉魏故城北魏宫城阊阖门遗址》，《考古》2003 年第 7 期。

[3] 参见中国社会科学院考古研究所《中国考古学》魏晋南北朝考古卷（待刊）。

[4] 冯承泽、杨鸿勋《洛阳汉魏故城圆形建筑遗址初探》，《考古》1990 年第 3 期。

[5] 钱国祥《汉魏洛阳故城圆形建筑遗址殿名考辨》，《中原文物》1998 年第 1 期。

［6］中国社会科学院考古研究所洛阳工作队《汉魏洛阳城南郊灵台遗址》，《考古》1978 年第 1 期。据知现已发现灵台下层平台的前檐柱础槽。

［7］参见中国社会科学院考古研究所《中国考古学》秦汉考古卷、魏晋南北朝考古卷（待刊）。

［8］同［7］；中国社会科学院考古研究所《新中国的考古发现和研究》，文物出版社，1984 年版。

［9］同［7］。

［10］中国社会科学院考古研究所洛阳工作队《汉魏洛阳故城遗址新出土的汉石经残石》，《考古》1982 年第 4 期。

［11］王竹林、许景元《洛阳近年出土的汉石经》，《中原文物》1988 年第 2 期；许景元《新出熹平石经〈尚书〉残石考略》，《考古学报》1981 年第 2 期。另有三件现存中国社会科学院考古研究所洛阳汉魏城工作队。

［12］范邦瑾《两件未见著录的〈熹平石经·诗〉残石的校释及缀接》，《文物》1986 年第 5 期。

［13］现存中国社会科学院考古研究所洛阳汉魏城工作队。

［14］刘安国《西安市出土的"正始三体石经"残石》，《人文杂志》1957 年第 3 期。

［15］同［10］。

［16］同［10］。

［17］同［12］。

［18］许景元《新出熹平石经〈尚书〉残石考略》，《考古学报》1981 年第 2 期。

［19］王竹林、许景元《洛阳近年出土的汉石经》，《中原文物》1988 年第 2 期。

［20］参见中国社会科学院考古研究所《中国考古学》秦汉考古卷（待刊）。

［21］中国科学院考古研究所洛阳工作队《汉魏洛阳城一号房址和出土的瓦文》，《考古》1973 年第 4 期。

［22］中国社会科学院考古研究所洛阳工作队《北魏永宁寺塔基发掘简报》，《考古》1981 年第 3 期；中国社会科学院考古研究所洛阳汉魏队《北魏洛阳永宁寺西门遗址发掘纪要》，《考古》1995 年第 8 期；中国社会科学院考古研究所《北魏洛阳永宁寺》，中国大百科全书出版社，1996 年版。

［23］同［22］。

［24］中国社会科学院考古研究所《北魏洛阳永宁寺》，中国大百科全书出版社，1996 年版。

［25］中国社会科学院考古研究所汉魏城队《汉魏洛阳城西东汉墓园遗址》，《考

古学报》1993 年第 3 期。

［26］ 参见 ［24］。

［27］ 钱国祥《汉魏洛阳城出土瓦当的分期与研究》,《考古》1996 年第 10 期。

五　手工业和商市遗址

作为汉魏时期的重要都城，汉魏洛阳城理当具备大量多种多样官营或私营手工业遗址。然而由于考古工作还很不充分，到目前为止，城内虽有各种手工业产品和手工业工具出土，手工业作坊遗址却发现得不多。且不说仅见手工业产品者，作坊遗址或不在城内，固然难以遇到，即使有生产工具出土者，也不是都能找到作坊遗址。比如，城内曾多次出土制陶工具，而烧制陶器的窑址仅有个别发现；曾多处发现铸铜用坩埚，而铸铜遗址尚无一处得以确认。而今考古资料较为丰富者，唯有烧制砖瓦的窑址。与商市相关的遗址，属于汉至晋代者，尚未及考察；属于南北朝时期者，仅于北魏洛阳大市区内有些发现。

（一）砖瓦窑址

在汉魏洛阳城，砖瓦窑遗址分布范围甚广。遗址存在形式，有群体性分布和分散分布两种，其中以分散形式存在者最为常见。

1. 分散形式存在的窑址

自大规模开展城区考古工作以来，除汉至晋代洛阳城、也即北魏洛阳内城中，未曾发现过窑址外，在城南、城东、城北、城西都曾发现并清理过以分散形式存在的砖瓦窑址。此类砖瓦窑址，每处少者有窑一座，多者可达三四座。有多座窑位于范围不大的区域内者，窑与窑之间多无直接联系，很难判断它们是否属于同一业主。按其规模推测，当属民营作坊性质。

从清理情况看，东汉、魏晋和北魏的砖瓦窑基本结构和形制没有太大区别，只是北魏窑规模稍大而已。所有砖瓦窑均由窑道和操作区、窑门、火膛、窑床、烟囱等部分构成。各部的主体，皆由地面直接下挖形成，底部和周壁俱为生土。由火膛和窑床组成窑室，顶部用长方砖或土坯以四隅券进方法砌成，当初应凸出于地面之上，其外当有较厚的培土。烟囱之下部，系在窑床后壁外侧挖出，上部凸出于地面，在地面上，一般只能看到一个烟囱。其时火膛普遍较浅，深度只有几十厘米，前端呈圆弧形。窑床通常略作方形或长方形，纵长 2～3 米不等，床面略平，后部稍高于前部。有的为便于通风和走火，在左右两侧壁脚处，沿壁刻一浅槽。烟囱地下部分的修筑方法所见有三种。一种是自窑床后壁向外挖出一个弧顶形龛，复用砖坯封堵龛口，形成窑床后壁，并于壁脚砌出进烟口。进烟口一般为三个，也有四个或者更多者。一种是在窑床后壁中部先挖出一条宽 20～30 厘米的竖槽，竖槽进深达到一定程度时，留出窑床后壁的厚度、再向前方和左右方扩展，形成和窑床等宽的袋状空洞，然后封堵竖槽口，并于窑床后壁壁脚处作出三个进烟口。一种是在窑床后壁挖出三条方形槽，中间一条竖直向上（往上延伸即成为暴露于地上的烟囱），两侧的两条，自下而上向中间作弧形弯转，并与中间竖槽交汇，然后以砖或土坯封堵诸槽口，且于底部各留一个进烟口。这三种做法，第一种比较少见，流行时代也较早，后两种做法，在整个汉魏时期似乎是始终并存，而第三种做法好像更为省工和先进一些。现存窑址一般只是一座完整砖瓦窑的地下部分，窑室内多无原烧产品存留，仅可于窑内外堆积中见到一些残次品，但在保存较好的窑内窑床面上或可看到一条条放置窑腿子（即按一定方向和间距侧立而置的底层砖坯，用以形成纵向火道并支承上层砖瓦坯）的印迹，或尚存摆放整齐、从未移动过的数层砖瓦坯。在个别窑内填土中，还曾清理出窑具和瓦当母范。窑址火膛内，多有厚薄不同的草木灰残存，为这些砖瓦窑以柴草作燃料的理论提供了物证。这些都是研究汉、魏晋和北魏时民营砖瓦烧造业的重要实物资料。

另外，在城西曾清理出一座保存基本完整的小窑，窑室（包括窑顶）系在生土层中掏挖而成，纵横不到 2 米，窑顶低矮，火膛尤浅。室内仅清出陶盒残块数片。此小窑当不是砖瓦窑，可能是用来烧制陶质器皿的。

2. 群体形式存在的窑址

在汉魏洛阳城以群体形式存在的砖瓦窑址，迄今仅发现一处。这是一座大型汉代砖瓦窑场，位于汉至晋代洛阳城东南、北魏洛阳城东外郭城内，地当洛河故道北岸今偃师市翟镇西罗洼村一带[1]。

1988 年秋，因配合 207 国道筑路工程在这里调查，访问西罗洼村民得知，此窑场范围甚大，从村北到村南、从村东到村西，无不有古烧窑存在，估测面积大约东西宽 1.5、南北长 2 公里。一位曾当过生产队长的农民讲，他在任时，在纵穿西罗洼村的南北向车道西打井，按上级要求每亩地需打井三眼，但在施工中，井多挖在古窑址上，很难挖下去。他还指出，由打井区往西北方向，地下有一条"大路"，宽 30 余米，全部以大方砖铺成。汉魏时期迄未发现以方砖铺设大路路面者，此所谓"大路"，当为大型地面建筑的遗迹。由于当地古窑址密集，西罗洼村民称，村南有七十二窑场，俗呼其地为瓦岗儿或八十亩，意指其处地势高广且多砖瓦。1987 年至 1988 年在这一带开展重点考古勘探，曾发现较大面积的瓦片区，仅 207 国道公路道班房院内及院门外公路线上大约 3000 平方米的范围内，就发现古窑址十余座。窑场内窑址密度之大，不难想见。受当地地下水位升高和筑路工程进度的限制，当时仅对其中的三座进行了全面揭露和发掘。

已发掘的三座窑址，形制、结构相似。它们也像前述民营窑场的窑址那样，各窑均由窑道、操作区、窑门、火膛、窑床、烟囱等部分构成，其间的最大差别是这些窑皆不用柴草当燃料而是用煤。为说明这一点，有必要以其中保存最好的窑址 89·207·Ⅸ区 T2Y1 为例，对现存遗迹作一简要介绍。

此窑址位于 207 公路道班院内。西向，全长（不含窑道）6.7 米，最大宽度为 2.7 米，窑壁残高 1.5～1.6 米。现存各部皆为原处于地下的部分。操作坑平面呈不规则长方形，东西长 2.2、南北宽 1.1、深 1～1.1 米。供操作者上下的窑道位于操作坑西南隅。窑门开在操作坑东壁中下部而略偏南，系就生土壁掏挖而成，拱形顶，宽 0.56、通高 1.28、进深 0.4 米。门道中部残存一道单砖砌成的封门墙墙基。由窑门进入窑室，依次为火膛和窑床。火膛平面为前弧后直的半圆形，南北最大宽度 2.58 米，东西最大纵深 0.92 米，火膛底面低于窑床面 0.9 米；火膛部分顶部，亦为生土。窑床平面略呈方形，东西长 2.44、南北宽 2.7 米，床面平整。南、东、北三面现存壁高 1.5～1.6 米，由窑壁诸转角之壁顶残存券砖看，窑顶以四隅券进式手法券成。烟囱地下部分为一倒漏斗状空洞，空洞底部南北长 2.6、进深 0.5 米，设有三个进烟洞与窑室相通。其做法，略如前述民窑烟囱做法的第二种，唯其左右二烟洞处各有一条高不足 1 米的竖槽，烟囱下部袋状空洞挖好后，将槽口上部用砖封死，下部留出进烟洞。这大约是为了修烟囱下部时出土方便而采取的辅助性措施。窑室内普遍覆盖一层 0.4～0.5 米厚的灰褐色堆积土此层土上半土质松软，含有一些绳纹板瓦、筒瓦残件；下半出土大量小型长方砖砖坯，砖坯的两个侧面一侧生一侧熟，两个平面上粘有干泥片，它们当是坍塌下来的券窑顶砖坯，券窑顶所用黏合料应为黄泥。此层以下至窑床面，依次叠置绳纹筒瓦瓦坯和窑腿子。筒瓦瓦坯皆套放立置，层层叠压，排列整齐有序。保存最好处，可看到瓦坯两三层，残高尚达 1 米余。其下的窑腿子，以小型长方砖为材料，砖坯侧立，纵向成行放置，行间距一般为 5～10 厘米。从残存筒瓦坯和砖坯看，此窑无疑为东汉窑址。清理火膛发现，其中堆积着厚达 0.6 米的煤渣和未燃尽的碎煤（图二六）。从煤渣和碎煤中，未发现任何煤在使用前曾被加工成煤饼或煤团的迹象。这不仅证明此窑烧瓦所用燃料为煤，而且很可能是直接使用散煤。

根据这次发掘可以推断，西洼村一带以群体形式存在的窑址，当属东汉时期的一座大型官营窑场。前述以方砖铺地的大型建筑遗址，或即此窑场的管理机构所在地。据记载，东汉掌管砖瓦生产的政府机构是甄官署。《后汉书·袁术传》韦昭注引《吴书》曰："孙权北讨董卓，顿军城南，甄官署有井，每旦有五色气从井中出，使人浚井，得汉（传）国玺。"说明汉甄官署应在汉至晋代洛阳城南。20 世纪 70 年代发掘辟雍遗址，出土的绳纹板瓦上，不少带有"南甄官瓦"戳印，又表明甄官署或直接控制着官营窑场。从这些线索看，西洼村一带

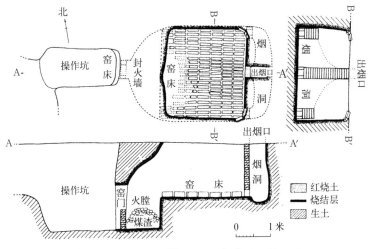

图二六　89·207·Ⅸ区 T_2Y_1 窑址平、剖面图

（采自《考古》1997年第2期《汉魏洛阳城发现的东汉烧煤瓦窑遗址》）

的建筑遗址及大型窑群或即汉甄官署及所属砖瓦窑场。

到目前为止，全国各地发现汉代手工业遗址用煤作燃料的实例甚少，砖瓦窑以煤为燃料者，此为首例。此官营窑场规模之大，用煤量之巨，当是一个惊人的数字。这对于研究我国古代煤炭开发史具有重要意义。

3. 北魏官营砖瓦窑场的物证

北魏时期的官营砖瓦窑场尚未发现，然由前述各建筑遗址的发掘资料看，当时肯定有官营窑场存在。这不但可以从官府建筑所用砖瓦规格较为一致，大量使用早期青辊砖瓦件，以及永宁寺塔所用瓦当纹样新颖，为民用建筑所不见等得到旁证，而且官府建筑遗址出土瓦件上留下的戳印和刻文，更是直接的证明。

迄今见于报道的此类实物共有三批。一是 1931 年文素编《瓦削文字谱》所载 1920 年以前出土品一百二十件；二是《考古》1962 年第 9 期黄士斌《汉魏洛阳城出土的有文字的瓦》一文公布 1949 年以后调查采集品或收集品一百四十件；三是《考古》1973 年第 4 期《汉魏洛阳城一号房址和出土的瓦文》一文公布中国科学院考古研究所（今属中国社会科学院）洛阳工作队 1963 年发掘一号房址出土品九百一十一件。《瓦削文字谱》所载皆为购买品，出土地点不明。黄士斌文所公布者，出土地点是龙虎滩村西北、群众称作西岗的高地，与考古研究所洛阳工作队发掘的一号房址方位一致，同属官府遗址。这三批实物，尤以发掘出土者最具资料价值。

据报道，发掘官府遗址（1 号房址）所获带文字瓦件中，带刻文者八百六十八件，带戳印者四十三件[2]。此类瓦件皆为瓦面经过刮磨并泛黑褐色或黑色光泽的早期青辊板瓦和筒瓦，刻文和戳印均系在未干的瓦坯上刻印而成。刻文，板瓦皆刻于瓦面。筒瓦大多刻于瓦唇及瓦的侧面，也有极少数刻于瓦面或瓦里（图二七、二八）。刻文的款式大都是自上而下、由右至左、成行竖刻，个别花头瓦（即檐瓦）也有以瓦尾为上而倒刻者。各瓦刻文的行数、字数多少不等，少者仅一行，一至三字；最多者四行，近二十字。

字体以楷书为主，亦有隶书和草书。文字大小和笔画轻重粗细很不一致，显非出自一人之手。戳印作长方形或方形，印文用隶书和小篆，俱为阴刻阳文。筒瓦多印于瓦唇上，板瓦则印于瓦面。

刻文内容为制瓦坯时间及有关人员职责、姓名。所见制瓦坯时间，为四至九月，以六、七、八月最多，但无一例记年。

图二七 偃师龙虎滩村北魏官府遗址出土带瓦削文字瓦件

所见有关人员多达二百三十余人，除仅具姓名者外，分别为隧
主、匠、轮（或轮头）、削人（或瓦削人、削瓦人、或简称
削）、昆人（或混磨人、或简称昆、磨）等类。四月生产的瓦
坯，月日之下有关人员署名较多，最全的实例为隧主、匠、轮
头……，或隧主、轮、削人。四月下旬以后生产的瓦坯，月日
之下仅有削人或昆人署名。仅有昆人署名者，往往另有笔画粗
重难识的一字，或为某人的签字。在不记月日、仅署削人、昆
人的实例中，这种现象同样存在。根据1号房址出土实物统
计，隧主有杨伙生、李龙二人；匠有范僧得（又有范僧德）、代

图二八 偃师龙虎滩村北魏官府遗址出土带瓦削文字瓦件

连、弋清诸人；轮（或轮头）有卿、李玉、清、弁等；削人有宋、姚子尒、赵文庆等近百人；昆人有张法洪、鞠清里等近三十人。

上述轮、削、昆等，显然都是制作瓦坯的工序。所谓轮（或轮头）应指操作陶轮制作圆筒状瓦坯的工人，削人应指用刀将筒坯分割成单个瓦件并予刮削加工的工人，昆人系指对瓦面进行打磨加工的工人。

至于隧主、匠是什么样的人？发掘者和张克的看法[3]却大相径庭。1号房址的发掘者认为，隧主疑即烧瓦窑的主管人，隧主杨伙生和李龙当为两个烧瓦窑的主人。匠，即制瓦工匠，应该掌握比较全面的技术，当属技师一类。张克认为，隒为包义。隒主之"主"应是制瓦的内范。隒主是以泥包"主"，为制瓦中一道工序的称谓。而所谓匠，亦非制瓦工匠，而是制作和维修"主"（木质内范）和轮等工具和设备的木工。因有区别，故而研究者在对从隒主、匠到轮、削、昆的总体看法上便产生了歧异。1号房址的发掘者说，根据出土瓦文观察，北魏"制瓦手工业大致由隒主经营烧造。隒主下设匠，匠下按制作筒坯、削瓦及昆磨等不同的工序，分轮、削及昆人。从瓦文格式看，凡署隒主姓名者，皆刻于瓦面正中显著部位，隒主姓名下并列刻出匠、轮、削或昆人姓名。在隒主和工匠之间，大多划一直线或'工'字记号，将隒主和工匠截然分开，可见隒主的社会地位高于各类瓦工。这些瓦工就在这种封建的经济剥削和奴役之下，从事手工劳动，他们身份卑微，附着于所属的隒主"。张克认为，隒主、轮、削、昆、匠是五种制瓦工的职司称谓。"它既标明了在制瓦过程中的分工情况，又反映出了制瓦的各道工序的工艺流程"。瓦文署名间的记号或纯属偶然，或为无意的擦痕，从署名的位置也难以推断署名者之间的隶属关系和身份地位。"制瓦工人在当时的社会地位很低，很受歧视，所以可以肯定，所有同列署名者决不会有统治阶层或剥削阶级中的人物，只能是分工不同的制瓦工人"。1号房址的发掘者指出："隒主杨伙生和李龙当为两个烧瓦窑的主管人。""在隒主李龙窑的工人就有匠代连、悦茂，轮工清郎、弁章、兴郡、德，昆人武□，削人李次等"。照张克的理解，这种现象应是表现了"官府手工业中一种分组生产的情形，即在一组之内各种工种的分配和安排。在此类手工业劳作中，按照工艺流程的全过程纵向分组，而不是以工艺的各段落横向分组，虽然不利于提高产品数量，却更便于保证产品的质量，这又是封建官府手工业的表征"。研究者对于瓦件上那些方形或长方形戳印的认识也不一致。1号房址发掘者认为，凡发掘出土品，无论印文为隶书或者篆书，都是瓦工的姓名。张克则认为，此类署名方式同刻文署名有别，显然不是瓦工署名，"当是瓦工之上各级负责者的图记"。隶书印文可能是稍高于瓦工们的验收人。篆书印文中称师××者，可能是掌管烧窑的师傅；称吏××者，可能是总负责的官吏。

纵然研究者在认识上有上述分歧，但要说这种瓦削文字是战国以来官府手工业物勒工名的遗风，刻有此类瓦削文字的瓦件乃北魏官营砖瓦窑场所产，恐怕是不会错的。诚如张克在文章中所说："各道工序工匠在瓦上刻文署名，又标有月日时间，表明这些制瓦工人是在严格监督检验之下工作的（有人身自由与否，尚需考察）。在制瓦业这种相对简单的劳动中竟有如此众多的工人、严密的分工和严格的管理，看来是既要求产品的质量，也要求产品的数量。因此，使我们不能不认为是官府手工业的遗迹。"

（二）商市遗址

汉魏洛阳城的主要商市遗址，如汉至晋代洛阳的金市和北魏洛阳小市，虽已有个别遗物出土，但真正进行过一些考古工作、出土遗物较为丰富者，唯有北魏洛阳西郭城内的洛阳大市。

对于北魏洛阳大市，《洛阳伽蓝记》卷四有较为详细的记述。其曰："出西阳门外四里，御道南有洛阳大市，周回八里。市南有皇女台，汉大将军梁冀所造，犹高五丈余。""市西北有土山鱼池，即《汉书》所谓'采土筑山，十里九坂，以象二崤'者。"市东有通商、达货二里。里内之人，尽皆工巧，屠贩为生，资财巨万。市南有调音、乐律二里。里内之人，丝竹讴歌，天下妙伎出焉。市西有退酤、治觞二里。里内之人多醖酒为业。市北慈孝、奉终二里。里内之人以卖棺椁为业，赁辆车为事。别有准财、金肆二里，富人在焉。"凡此十里，多诸工商货殖之民，千金比屋，层楼对出，重门启扇，阁道交通，迭相临望。金银锦绣，奴婢缇衣，五味八珍，仆隶毕口。神龟年中，以工商上僣，议不听金银锦绣。虽立此制，竟不施行"。

对此洛阳大市遗址的确切范围，今虽不能确指，但根据城址勘探资料对照上述文献记载知道，它无疑应在北魏西阳门外大道和西明门外大道之间，即今白马寺以西之白马寺镇政府、铁道部十五工程局电务处、中山医院至陈屯村一带。

1985 年以来，因配合城乡基本建设，曾在这一地区进行过较大面积的考古勘探和发掘，发掘地点大多位于该地区中偏西部。在这里，除一些里坊道路残迹外，发现的主要建筑遗迹有房舍、窖穴、水井三类。房舍多为方形、半地穴式。它们分布分散，结构简陋，入地深浅不等，面积大小不一，壁面不作任何粉饰。室内多掏挖卧式或竖式储物洞穴。窖穴多与房舍为邻，形制或圆或方，有的呈竖井式，有的则作袋形，以既大且深者居多。有的窖穴内残留较厚的绿色腐殖土，似与存放谷物有关。水井分布密集，靠近房舍和窖穴，多为圆形竖井。出土遗物，除砖瓦等建筑材料残件外，主要是日用瓷器、釉陶器和陶器。此外，还集中出土过数以千计的玻璃珠，以及少数铸铜坩埚、个别玻璃片等。从建筑遗迹到出土遗物，无不洋溢着市井生活的气息。从地望看，或与退酤、治觞二里有某种内在联系[4]。

在洛阳大市遗址出土遗物中，玻璃珠和玻璃片显为舶来品。铸铜坩埚虽与碎红烧土伴存，却无法知其所铸为何物。分别出自半地穴式房舍以及各种窖穴、灰坑的日用瓷器和釉陶器，与当时的手工业生产和社会生活密切相关，是一批具有较高研究价值的历史文物。

这批瓷器总数已有近百件。俱为北方所产，故称北朝瓷器。就陶瓷品种而言，只有青瓷、黑瓷两种（图二九、三〇）。若对青瓷器物仔细加以甄别，则又可以将其区分为普通北方青瓷器和南方青瓷的仿制品两类[5]。

普通北方青瓷器数量最多，约占出土总量的 90% 以上。此类青瓷器，器类少而器形简单，仅有碗、杯、盏、豆、敛口钵、高足盘、壶等数种，其中以碗、杯、盏类器物为大宗。碗、杯类器物，多为直口、深腹、腹之下半部作圆弧形内收，底附饼状实足，足心稍内凹。也有少数器物，作敞口、尖圆唇、弧腹斜内收，形制与前者稍异。盏类器也有两种形制，且器形特征与碗、杯类器物类似，唯其器形较小而已。豆作浅盘、喇叭形高足。敛口钵作圆唇、鼓腹、平底。高足盘皆作敞口、斜直腹、高圈足。壶的器形较小，通高才 10 多厘米，唯一的一件标本，高颈、广肩、斜腹、平底，口已残毁。根据残状推测，或为盘口；器肩上，有三面各附一个三角形带穿小纽，另一面存一把手残段，当初或为自器口直达器肩的双柄形把手。

总的看来，此类青瓷器皆为轮制成形。胎壁较厚，胎质较粗，多呈灰白色。器内满釉，器外半釉而下部露胎。釉呈黄

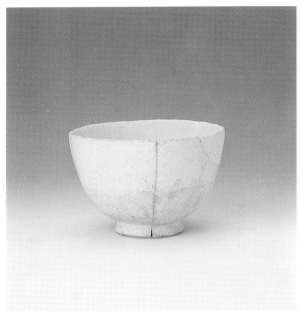

图二九　白马寺镇西部出土青瓷杯

绿色或青绿色，釉质不太纯净，釉层薄而不匀，釉面缺乏光泽者居多，有些且有细开片。施釉方法以蘸釉、荡釉为主，器内底心和器外下部常见积釉或泪状垂痕。施釉前器表不施化妆土。烧成火候较高，胎釉结合较为牢固，但仍偶见脱釉现象。装饰纹样极其简单、质朴，通常只在碗、盘的口部外侧刻划一道阴弦纹，莲瓣纹仅在前述敛口钵腹部和壶的肩部出现过。值得一提的是，此类青瓷器中也不乏上佳精品。它们胎质坚致细密，器壁较薄，釉质细腻光洁，在造型、胎釉各方面都显示出较高的工艺水平。有一种青瓷杯，胎白壁薄，釉面莹润，略呈乳白色而微泛青，颇有从青瓷向白瓷过渡的意味。公开展出后，

图三〇　白马寺镇西部出土黑瓷盂

有的陶瓷专家甚至直称其为白瓷[6]。然而无论是工艺水平一般的青瓷器，还是其中的上佳精品，碗、杯、盏、盘类器物内底多残存支钉疤痕，这表明，当时是以叠置仰烧法装烧瓷器的。

南方青瓷的仿制品出土数量不多，器类有碗、钵、盏托、多足砚等。这些青瓷器物器胎略呈青灰色，釉质较纯净，釉色灰绿，器表除刻划阴弦纹外，个别瓷碗内底饰以莲花纹，颇有一些南方越窑青瓷的风格，直接显示了南方青瓷对北方青瓷的影响。它们同南方青瓷的显著区别在于：胎质远不及南方青瓷精致细密，釉面光泽度稍差，工艺水平也不能与南方青瓷同日而语。

黑瓷装烧方法与青瓷同，但出土数量比青瓷少得多，器类仅有碗、杯、盂三种。碗、杯类器，器形与青瓷颇多类似，碗多为直口、深腹，杯多为敞口、弧腹，皆附饼状实足。盂作敛口、广肩、鼓腹、平底。黑瓷同青瓷一样，胎体厚重、胎质较粗，唯胎色较浅，多呈灰黄色。施釉方法略同青瓷，釉色或黑中显褐，或黑中泛绿，釉面的光泽度一般不高，甚少脱釉现象。其中有些器物，例如黑瓷杯（88BD 办 T3H1∶8）和盂（85BDT9H4∶4），胎质较白而细密，釉质纯净而光洁莹亮，是这批黑瓷中不可多得的精品。见于黑瓷的装饰纹样，只有阴弦纹一种。这种阴弦纹系以刮釉露胎手法制成，匠心独具，具有对比强烈的装饰效果。

比较洛阳大市遗址同其他北方地区所出北朝瓷器不难发现，它们具有不少共同特质。从品种、形制和烧造工艺等各个方面体现出北朝瓷器所特有的质朴庄重、实用性强的时代特点和地方风格。

然而，它们之间的差异同样也是十分明显的。迄今见诸报道的北朝瓷器，几乎全数出于河南、河北、山西、山东等地的东魏、北齐墓葬和窑址。其品种有青瓷、黑瓷、白瓷，常见器形，除碗、杯、盏外，还有盒、唾盂、盘口壶、鸡首壶、多系罐、长颈瓶、高足盘、莲花尊等等，而且不乏较大型器。在瓷器装饰方面，既广泛流行刻划纹（如阴弦纹等），又较多的使用了堆贴莲花瓣纹，而河南安阳北齐范粹墓白瓷器和濮阳北齐李云墓米黄釉瓷器上出现了加施绿彩的崭新工艺。总之，东魏、北齐墓葬和窑址出土的瓷器，无论是瓷器品种、器形种类、胎釉质量、装饰手法，还是制瓷技术的成熟程度，都要比洛阳大市遗址所出北朝瓷器高出一等。这说明洛阳大市遗址所出北朝瓷器，时代可能较早，其绝大部分应属北魏都洛时期。从胎釉质量及工艺技术考察，洛阳大市所出青瓷器和黑瓷器内部，显然有高下、精粗之别，似乎不是同一水平，这意味着，陶瓷烧造业在北魏业已经历了一段较长时间的发展历史。但即使是这样，对于北方瓷器在当时社会生活中的重要性和普及程度，恐怕也不能作出过高的估计。大市遗址以外的汉魏洛阳城城区出土瓷器甚少便说明了这个问题，洛阳地区皇室及大贵族、官僚墓葬以外的北魏墓一般不以瓷器随葬，也为这种看法提供了论据。学术界普遍认为，河南北部和河北南部是北朝瓷器生产的重要区域，近年在山东淄博、枣庄、临沂还发现了东魏、北齐时期的瓷窑遗址。但汉魏洛阳城所出北朝瓷器产于何地还是一个有待解决的问题。我们以为，在探索这一问题时，与其把目光投向已知之北朝瓷器生产重心区，反不如将注意力的重点放在洛阳周围。文献中北魏时期洛阳有所谓"洛京窑"的说法，至今虽未为考古工作所证实，然仍不能因此而以虚妄之说视之，何况洛阳附近的巩县、临汝等地都曾发现了不少隋唐瓷窑遗址，在这里追寻汉魏洛阳城出土北朝瓷器的故乡，该不是没有希望的。

洛阳大市遗址出土的釉陶多为碎片，可复原者二十余件。器胎均为陶质，内含细沙粒，烧成火候较高。依照釉色和工艺技术的差别，可分为单色釉陶、二彩釉陶和釉下彩釉陶三类。

单色釉陶，全器施单一的酱釉或黄釉，器类有碗、盘、杯等。此为沿用汉以来传统工艺生产的釉陶器，器胎多呈土红色，釉层较厚，釉质较差。器形特征多与北方青瓷相近，器内施满釉，器外多施半釉。

二彩釉陶，属多彩釉陶范畴，所见皆为碎片，无可复原者。此类釉陶片，胎亦土红色，但质地较为细密。器表先施一层不透明黄釉，再在其上加饰若干条草绿色釉彩，釉质较单色釉陶细腻。类似的釉陶在北方其他地区也时有发现，且色彩更为丰富，有些甚至是黄、绿、褐三彩并用。显然，二彩釉陶是北魏时期在继承传统单彩釉陶工艺的基础上创烧而成的釉陶新品种。根据对实物标本的观察、分析知道，二彩釉陶上的条状釉彩，系在黄釉层表面点以绿釉，经装窑加热使绿釉融化、自然流淌形成。这一新的成彩技法，至迟在北齐末年已在北方瓷器上得到应用，从而出现了像河南安阳范粹墓、濮阳李云墓出土白瓷长颈瓶、三系白瓷罐、四系米黄釉罐和山西太原娄叡墓出土二彩盂那样以绿彩或黄、绿二彩为饰、风格清新的优美瓷器。不少研究者认为，多彩釉陶和瓷器的出现，"开唐三彩之先声"，"为过渡到唐代绚丽多彩的三彩陶器奠下基础"。

釉下彩釉陶，仅在洛阳大市遗址一灰坑中出土残片十余片。据辨认，其器形可有盘、盏两种，能复原者唯有一盏（器号89BHT12③∶4）。北朝时期的这类釉陶器，在我国尚属首次发现。

这些釉陶标本，器胎呈土红色、浅灰色或黑灰色，胎壁薄而坚实，釉质大多细腻而纯净。装饰纹样繁简不一，然基本构图因素皆为小联珠纹、圆点纹和由七个圆点组成的团花，花纹凸出于器物表面，富有立体感。其系将器胎处理妥当后，按照预定构图、在器物外表面以浓浆状白彩点出联珠及团花图案，然后为全器罩一层青釉，烧成之后，器表和花纹图案便呈现出格调清新典雅的美妙色彩。据观察，其呈色情况通常是：土红胎器，器表呈黄褐色或酱褐色，花纹呈黄绿色或淡黄色；浅灰胎器，器表近黑色，花纹略呈鹅黄色。由此可见，器物表面及花纹图案呈现什么颜色，既取决于青釉的釉质，又与器物的胎色有直接关系。现已复原的釉陶盏为直口、深腹、饼状小实足，黑灰胎。器表呈均匀明亮的黑色，腹壁所饰联珠纹和圆点纹呈黄褐色，二者相映成趣，堪称此类釉陶中的上乘佳品。

应该强调指出的是，此类釉陶不但是颇为难得的精美工艺品，而且由于其具有一些如同西方玻璃器一样的观赏效果，其装饰纹样又显示出波斯萨珊朝流行纹样的风格，故而学者们认为，可能是刻意模仿萨珊玻璃器烧造出来的。果真如此，它在研究中西交通方面也有不容忽视的意义。

注　释

[1] 中国社会科学院考古研究所洛阳汉魏城队《汉魏洛阳城发现的东汉烧煤瓦窑遗址》，《考古》1997 年第 2 期。

[2] 中国科学院考古研究所洛阳工作队《汉魏洛阳城一号房址和出土的瓦文》，《考古》1973 年第 4 期。

[3] 同 [2]；张克《北魏"瓦削文字"考》，《文博》1989 年第 2 期。

[4] 参见中国社会科学院考古研究所洛阳汉魏城队《北魏洛阳城内出土的瓷器与釉陶器》，《考古》1991 年第 12 期。

[5] 同 [4]。

[6] 李辉炳《成果展览中的瓷器》，《考古研究所四十年研究成果展览笔谈》，《考古》1991 年第 1 期。

六 汉魏洛阳的水道网络及漕运

众所周知，古今中外的任何时代，水源都是城市建设中至关重要的问题。受生产力发展水平的限制，我国古代城市用水主要依赖于地上河流和泉水，而以井水为辅。汉魏洛阳城，北有千里黄河，南有伊洛二川，涧谷水和瀍水又从其西面流过，水资源尚属充足。如何将这些相对分散的水源，最大限度地纳入城市规划体系中去，使之为城市的繁荣、发展服务，应是汉魏洛阳城市规划必须彻底解决的重大事宜。从业已掌握的文献及考古材料看，由于汉魏时期人们一代接一代的努力，较好地解决了这一问题，成为我国古代城市建设史上开发利用自然河流、满足城市用水需要的一个成功实例[1]。

（一）汉魏时期开发利用自然河流的主要活动

根据前述洛阳地区的地理形势，我们曾就洛阳盆地内诸自然河流归纳出以下几个特点：

一是，汉魏洛阳周围诸河流，自成一个完整的小水系，相互沟通，源远流长，具备予以综合开发、利用的前提条件。

二是，洛河在洛阳盆地先后容纳涧谷水、瀍水和伊水，水量大大增加，且与利于行舟的千里黄河相连，具备充当汉魏洛阳与我国北方及东南地区之水上干道勾通的基础条件。

　　三是，洛河靠近城市或与其紧密相连，无疑可以作为汉魏洛阳城市用水的水源之一，并可兼作城市排水渠道使用。

　　四是，洛河虽可作为汉魏洛阳城市用水的水源，但因其河床较低，城区附近沿岸海拔高度只有 120～125 米，而城区内的海拔高度却多在 120～140 米之间。如要依靠这一水源，尚需修建辅助工程以提高水位。即使如此，要使洛河水遍布汉魏洛阳全城恐也困难。涧谷水和瀍水情况与洛河有所不同，它们水量小，且中上游穿行在沟壑纵横的丘陵间，显然不适宜行舟。二水下游地势较为平缓，沿岸海拔高度一般在 140～150 米之间，稍高于汉魏洛阳城附近地面。它们虽距汉魏洛阳城稍远，但其间为高平坡地，并无丘陵山险阻隔，如措施得当，完全有可能引为供给汉魏洛阳全城的水源。

　　以上系就开发利用城周围自然河流的有利因素而言，至于不利的一面，同样十分明显：汉魏洛阳周围，四面皆山，诸河流皆有相当长一段河道穿行在丘陵间，每遇大雨，山洪从四面八方涌入河道，容易引起河水暴涨，造成水患。所以，以这些地上河流作为城市用水水源，务必同时注意泄洪，对水患有所防范。

　　从文献记载看，汉魏时期对城周围自然河流的开发利用，正是以引谷溉洛、堰洛通漕这两大工程为重点，围绕解决城市用水和漕运这两大中心问题展开的。

　　文献有关引谷溉洛、堰洛通漕的明确记载，始见于《后汉书》，此后则有《水经注》、《洛阳伽蓝记》、《魏书》续记其事，出土墓志也偶有涉及。

　　《后汉书·王梁传》载，建武五年（公元 29 年），王梁代欧阳歙为河南尹，穿渠引谷水注洛阳城下，东泻巩川，及渠成而水不流。

同上书"张纯传"载，建武二十三年（公元47年），纯代杜林为司空。"明年，穿阳渠，引洛水为漕，百姓得其利"。

《水经注·谷水》综述其事曰："汉司空渔阳王梁之为河南也，将引谷水以溉京都，渠成而水不流，以坐免；后张纯堰洛以通漕，洛中公私穰赡。"

同上书还记述汉魏洛阳建春门外石桥曰："桥首建两石柱，桥之右柱铭云，阳嘉四年（公元135年）乙酉壬申，诏书以城下漕渠东通河济，南引江淮，方贡委输，所由而至。使中谒者魏郡清渊马宪，监作石桥梁柱，敦敕工匠，尽要妙之巧，攒立重石，累高周距，桥工路博，流通万里云云。河南尹邳崇隗、丞渤海重合双福、水曹掾中牟任防、史王荫、史赵兴、将作吏睢阳申翔、道桥掾成皋卑国，洛阳令江双、丞平阳降监掾王腾之、主石作右北平山仲。三月起作，八月毕成。"

以上为东汉人治渠、堰洛事迹。

《水经注·谷水》云："河南王城西北，谷水之右有石碛，南出为死谷，北出为湖沟。魏太和四年（公元230年）暴水，流高三丈，此地下停流以成湖渚。造沟以通水，东西十里，决湖以注瀍水。"

又《水经注·谷水》引杨佺期《洛阳记》曰："千金堨，旧堰谷水。魏时更修，谓之千金坞。"并就此事进一步写道：更修此堰时，"积石为堨而开沟渠五所，谓之五龙渠。渠上立堨，堨之东首，立一石人，石人腹上刻勒云，太和五年二月八日庚戌造筑此堨……盖魏明帝修王、张故绩也。堨是都水使者陈协所修也"。同书又载，晋泰始七年（公元271年）六月，大水暴注，荡坏二堨，沟渎泄坏。晋人曾重修五龙渠及千金堨，"增高千金于旧一丈四尺……以其年十月二十三日起作，功重人少，到八年四月二十日毕"。同书还载，"后张方入洛，破千金堨。永嘉（公元307～312年）初，汝阴太守李矩、汝南太守袁孚修之"。

《水经注·谷水》言，晋惠帝时，曾于千金堨东之谷水上建造西梁。"桥西门之南颊文称，晋元康二年（公元252年）十一月二十日改治石巷水门，除竖枋，更为函枋，立作覆枋，屋前后辟级续石障，使南北入岸，筑治漱处，破石以为杀矣。到三年三月十五日毕讫"。石巷东西长七尺，南北龙尾广十二丈。巷渎口高三丈，谓之皋门桥。

《洛阳伽蓝记》卷四载："出阊阖门，城外七里（有）长分桥。中朝时以谷水浚急，注于城下，多坏民家，立石桥以限之，长则分流入洛，故名长分桥。"

《水经注·谷水》又载有开凿城东九曲渎事："阳渠……，亦谓之九曲渎。"注引《河南十二县境簿》云：九曲渎在河南巩县西，西至洛阳。又引傅畅《晋书》云：都水使者陈狼（《读史方舆纪要》引作陈协）凿渠，从洛口入注九曲，至东阳门。

以上为魏晋人重修千金堨，开凿湖沟、九曲渎以及在引谷渠道上修架桥梁事迹。

北魏自迁洛之初，即对这一历史性大型水利工程十分重视。据《魏书·李冲传》载，孝文帝帅军南伐，以李冲兼左仆射，留守洛阳。孝文帝"自邺还京，泛舟洪池（按，此洪池，应即鸿池陂，在偃师商城东），乃从容谓冲曰：'朕欲从此通渠于洛，南伐之日，何容不从此入洛，从洛入河，从河入汴，从汴入清，以至于淮？下船而战，犹出户而斗，此乃军国之大计。今沟渠若须二万人以下、六十日有成者，宜以渐修之"。李冲非常赞成孝文帝的意见。

太和中，北魏曾再次修复千金堨。《水经注·谷水》载：晋永嘉之后"积年，渠堨颓毁，石砌殆尽，遗基见存。朝廷太和中修复故堨"。《太平御览》就此事引《东都记》曰：后魏孝文迁都洛阳，修千金堨。与此同时，还开始了通洛入谷工程。《魏书·高祖纪》云：太和"二十年（公元496年）九月，将通洛水入谷，帝亲临观"。

迁洛初期，对城内水道系统也作了疏浚修理。《水经注·谷水》称："魏太和中，皇都迁洛阳，经构宫殿，修理街渠。"

新出土的杨播墓志是一件有关北魏迁洛之初兴修宫庙殿库和水利工程的宝贵实物。杨播系汉弘农杨氏后裔，卒于宣武帝延昌二年（公元513年）。志云："（太和）十七年（公元493年）大驾南征……，以君为左将军，恒领万骑以卫中，拥车驾至洛阳，定鼎于郏鄏。高祖初建迁都之始，君参密谋焉，仍以左将军与咸阳王禧等经始太极、庙社、殿库，又修成千金堨，引谷、洛水以灌京师。"此志既可以作为北魏重修千金堨的实物佐证，又提供了董理其事之人员情况的信息。

以上史实表明，引谷溉洛及堰洛通漕这两项大型水利工程，有据可查的最早动工时间，约在东汉初年光武帝在位时期。此后的曹魏、西晋、北魏诸代，都将引谷、通漕视为国之大事，给予充分重视。对重点工程项目，如千金堨、千金渠等，及时修复，不断完善。对配套工程，也是该修理即修理，需增建即增建，从而使整个工程质量日渐提高，主配套工程分布更趋合理、系统。

（二）引谷、通漕工程梗概及有关考古发现

对比各种文献关于汉魏洛阳水利工程的记载，唯《水经注》较为系统、翔实，只是不曾涉及堰洛通漕一事。但根据前引文献看，后项工程的实施当是毋庸置疑的史实。

根据《水经·谷水注》的记述知道，这两项大型引水工程，大约都是采用人工开凿沟渠的办法完成的。这些人工渠道或仍用谷水之名，或被称作千金渠、阳渠，随处而不同。

关于《水经注·谷水》所记引水工程之梗概，现依该书叙事顺序，简要综述如下：从周王城西北，引涧谷水向东，先经王城北，又东，左合瀍水；又东，至千金堨。由堨东流，经晋皋门桥；又东，至中朝时所修长分桥，进入北魏西外郭城。再东，抵达金墉城西，即汉至晋代洛阳城西北角。渠水由此分流绕城并支分入城。分流后的渠水共有两支：一支向北，经洛阳小城北，再向东，历大夏门下，且有小支渠入大夏门。在大夏门内，小支渠又东，枝分入皇家禁苑华林园；出华林园，经听讼观南，入洛阳县之南池。向北渠水由大夏门向东，经宣武观；又东，经广莫门北；又东，南屈，至建春门外石桥下；又自建春门外乐里道屈而东出。另一支由金墉城西向南，经阊阖门下，且有支渠由门侧入城。入城支渠向东，历故金市南，达宫城西侧千秋门。在此，更枝分出小渠，由石逗入宫城西游园。支渠由千秋门沿宫城南流，东屈，经宫城阊阖门南；又东，经司马门南；历司空府前；经太仓南；出东阳门石桥下。又，此支渠在宫城阊阖门南枝分，夹铜驼街南下，汇入南渠。渠水自城西垣阊阖门继续向南，经西阳门、西明门。在西明门

左，分支渠入城，向东经太社、太庙前，东出城东垣青阳门，此即所谓南渠。渠水自城西垣西明门向南，东屈，依次经津阳门、宣阳门、平昌门、开阳门，至城东南隅。渠水在此再次枝分为二。一支向北，经城东垣青阳门，左会南渠水；又北，经东阳门；又北，经故太仓西；又北，入洛阳沟，与渠水向北一支由建春门外屈而东去者合。另一支自城东南隅迤逦东去，至偃师故城南入于洛。《水经注》对有由建春门外屈而东去之渠水的去向交代不明，大约向东不远，即与七里涧水汇合，东南流，注于城东南隅东流之渠水。

迄今的考古发现表明，《水经注》的上述记载，基本上是可信的。

20 世纪 50 年代考察东周王城时，曾在王城北垣外发现一条深约 5 米的古渠道。发掘者认为，它可能是王城的护城壕沟，也有人认为应该是干枯的谷水渠道。骆子昕等认为，"两者并无矛盾之处，当王城营造之时，谷水正是东流入瀍的，所以营造者就把东去的谷水用做天然的护城河，这是自然而然的。东汉以后又引谷水东去，也重新利用了这条原有的旧河道……洛阳市第二文物工作队曾发掘了这条渠道的一段，证明东汉以后引水时为了加大引水量，保障渠道畅通，人们还有意识将原有的古河道加深拓宽"。此为引谷溉洛工程最西段渠道的遗迹[2]。60 年代和 80 年代，中国社会科学院考古研究所汉魏洛阳城队先后两次对城区开展大规模勘探[3]。勘探结果表明引谷溉洛工程之引水渠道，是由前述阊阖门外大道穿越西外郭城垣和长分沟处进入北魏洛阳西外郭城的，地当今齐郭村西北、尤村西南，原为一座砖场的取土地。据勘探，渠道自西北而来，原宽 16 米，至此扩展为 40 米，探至今地表以下 8 米淤土仍未到底。在此渠道一分为二，一支由今分金沟（古长分沟）向南通往洛河，另一支穿西外郭城垣进入城区。按记载，这里原建有长分桥，因砖厂取土破坏，桥址旧貌难寻，然从长分沟渠口内探到过夯土遗迹、取土坑边又有较多碎青石片看，其处确曾建造过用以调节渠水水量的建筑物。进入城区的渠道，向东偏北方向延伸，入城不远即岔分为南北两条。北渠由尤村斜向东北，至平乐南屈而向东，穿平乐南寨、过东赵村南直抵翟泉。南渠由尤村南向东，穿象庄村后，沿东偏北方向抵翟泉。至翟泉村西，南北二渠道基本上是平行前进，彼此相距甚近。在翟泉村内，二渠合而为一。南渠宽 20～30 米，渠内淤土厚达 3～4 米仍不到底。在今东赵村南，淤土南北宽度达到 80 余米，形成一个长圆形状的大水池。南渠全长约 3500 余米。北渠宽 10～15 米，淤土厚 2～2.5 米，为生土底。全长约 3800 余米。二渠会合后的渠道，在抵金墉城西之前，全部压在翟泉村下勘探颇为不易。由插布布卡勘探约略得知，其宽度为 7～14 米，渠内淤土厚 1.5～4 米，亦为生土底。以上关于西外郭城内引谷溉洛渠道的勘探，为人们提供了一份有关渠道行经路线的宝贵实物资料，同时也提出了一个有待解决的重要问题，那就是南北两条渠道是否同时开凿，若非同时开凿，二者之间又会是什么样的关系呢？我们以为，一般说来，在此地形并不复杂的同一渠段，似乎没有必要同时开凿两条渠道。依此推测，两条渠道同时并存现象的出现，很可能是先开的渠道由于某种原因被迫废置、需要另开新渠代替所致。这使我们联想到前引《水经注·谷水》汉司空渔阳王梁将引谷水以溉京都，"渠成而水不流，以坐免"的记事，它们之间是否存在内在联系呢？确否如此，仍需通过更加细致的考古工作，始能得出较为明确的认识。

考古勘探还发现，引谷溉洛渠道到达金墉城西后，实际上是分为三支，与《水经注》所记略异。一渠向东，入金墉城后分为两条支渠，一支渠向北，一支渠向东，纵横穿流金墉城之甲乙二城，并在甲城内形成一水池。一渠沿金墉城西垣向北，东屈，至甲城北垣外，右合城内流出之南北向支渠；又东，至甲城东北隅，有支渠右出，在乙城东北隅会合城内流出之东西向支渠，东南流，至大夏门侧，南屈入大城（即汉至晋代洛阳城，亦即北魏洛阳内城，下同）。沿金墉城西垣向北的渠道由金墉城东北隅继续向东，过广莫门外，至大城东北隅，南屈，沿大城东垣南去，经建春门、东阳门、青阳门，到今洛河岸边。另一渠自金墉城西沿大城西垣南下，至阊阖门外，有支渠左出，由砖砌涵洞入大城。渠道继续向南，历西阳门、西明门外，抵今洛河岸边。大城南垣早已为今洛河冲毁，垣外渠道自无痕迹可寻，根据该城形制和布局推测，城南渠道应在今洛河河床内。前述 1985 年发掘建春门遗址，曾在北魏城门遗址下清理出汉晋时期的东西向涵洞一条，应是穿城支渠的出城渠道之一。遗址处未发现北魏时期出城渠道遗迹，或在城门旁侧某地。以上环大城渠道，亦即前述护城河遗迹。渠道面宽 18～28 米不等，深约 3～4 米。上述考古发现表明，《水经注》关于引谷溉洛渠道，西引谷水注于城下，四面环绕汉晋洛阳城并在诸城门处支分入城的记录信而有据。

此外，在建春门外勘探，还发现了环城渠道"又自乐里道屈而东去"的遗迹。据勘探，此渠道自建春门外护城河支分而出，沿建春门外大道北侧东去，与大道相距约 15 米。此段渠道较宽，一般有 90 米，最宽处可达 100 米。此处地势较低，约即《水经注·谷水》所谓洛阳沟之所在，在今地表以下4～4.5米始见淤土，淤土厚2米仍未到底。在据建春门约800米处，渠道南屈，穿过建春门外大道向东偏南方向延伸。穿路处，渠道宽度为30米，两岸发现有红烧土遗迹和砖瓦堆积，其处当有某种形式的桥梁类设施。渠道穿过外郭城东垣后继续东去，城区以外的渠道遗迹，未曾追查到底。这段渠道稍窄，面宽为35～60米，距今地表以下10米仍为渠道淤土。按其宽度和深度，用于行驶漕船概无问题。

至于由汉至晋代洛阳城东南隅东去的渠道，因洛河改道北移，在城区范围内已无从追寻，原其地望、故道当为今洛河所夺，也就是说，今洛河主要应是沿这条渠道东去的。

1983年春勘探偃师商城，于城址中部发现一条东西向人工渠道，面宽约70米，向东，通往城址东南一处面积广大的水域。据近年的考古发掘，人工渠道的时代应属汉魏时期。这段人工渠道和面积广大的水域，有可能即是由汉魏洛阳城东去渠道最东段的一部分和与其相连之鸿池陂的遗迹。

在通过考古勘探和发掘探查引谷溉洛、堰洛通漕工程遗迹同时，学者们还就尚未发现的有关建筑工程之所在，提出了自己的认识。研究涉及的内容，包括城区以西的引水渠道谷水和建于其上的千金堨、皋门桥以及堰洛通漕的堰洛处等。

关于谷水，我们认为，自长分沟向西至今涧河岸边的引谷溉洛渠道谷水虽未实施勘探，但从沿线所出北魏至隋代墓志看，这条人工渠道确实也是存在的。今洛阳市西北的柿园村，地处涧河北岸，附近早年所出北魏元嵩、元瞻、元彝、元顺墓志，称其葬于"谷水之北岗"或"北皋"，自是合情合理。然出于今洛阳城东十余里董村的北魏元爽墓志说他葬于"谷水北"、出于今洛阳东马坡南地的隋郭王墓志称其葬于"谷水之阳冠村之北二里",便与今人的概念相左。这些墓志文字乍看似属可疑,实则包含了这样一段历史事实,那就是引谷入洛的人工渠道,确实是从今涧河往东一直贯穿下来的。它自汉魏开凿以来直到北魏都常流不息。它的荒废泯灭,至少是隋代以后的事。根据汉晋洛阳城绕城渠道和故城以西的上述线索可以进一步推知,由今洛阳东至金墉城西长约 15 公里的引谷人工渠道,基本上是在海拔 130 米或稍高的地面上穿行,只是在接近上游的今洛阳市境内,渠道水平高度才逐渐升高起来。

关于千金堨,有人只是说"千金堨的地点,文献说是在河南县东十五里,谷、瀍二水交汇处应该在这里或距此不远",而未指明具体地点[4]。《水经注疏》则认为堨在旧洛阳县北(即今洛阳老城北)。

我们认为,今老城北,地势高且沟壑错综,不是适合建造千金堨的地方。如从人工渠道走向及千金堨处水流浚急的形势分析,千金堨当在渠水落差较大区域的东边缘,其处既要有比较开阔的地面,海拔高度也应与其以东地域接近。从这点出发,我们推测,今瀍河下游东侧、塔湾村以西约 0.5 公里的地方,或为千金堨故址所在地。按 20 世纪 50 年代所测地形图,这里地势较为开阔,海拔高度稍高于 140 米,地面上尚有指掌般分布的五六条土沟,土沟方向多朝向东南方的洛河,只有一条长沟斜向东北,穿过唐寺门村东去,走向与人工渠道大体一致。这种地形特征,更与《水经注·谷水》引《洛阳记》对千金堨的描述"积石为堨而开沟区五所,谓之五龙渠"相契合。

皋门桥,具体位置今无直接线索考据。依《水经注·谷水》行文顺序,应在长分桥西。据《晋书·张方传》,当时长分桥西还有所谓十三里桥一座，它和皋门桥一样，也是交通要道上的军事要地，二者地望、性质相近，或同为一桥也未可知。有人考证，十三里桥约在今三里桥附近[5]。我们以为，欲寻皋门桥，不妨于此处访之。

关于堰洛通漕工程，文献资料奇缺。细查汉魏文献，所谓通洛入谷与堰洛通漕应为一回事。至于堰洛地点，《水经注》及其他文献均无明确记载，但并不是没有任何蛛丝马迹可寻。《后汉书·张纯传》唐李贤等注云："阳渠在洛阳城南。"注者如是说，并非不知阳渠四面绕城，而是另有含义。其含义或许正如《水经注疏》中所指出"因纯通漕在城南，故第言南面之阳渠耳"。所谓堰洛通漕，顾名思义，应系以堰的办法，迫使部分洛河水流入阳渠，增大其流量，以利行舟。堰洛既与城南阳渠有关，堰洛地点决不会距故洛阳城太远。那么，堰洛工程究竟在故洛阳城南何处呢？我们以为，不可能在城东。其理由，一是依有关诸文献行文惯例，多称由城东南隅东流之渠水为谷水；二是，如在城东堰洛，堰必筑在故偃师城以东，否则洛河水无法灌入人工渠道。那样，堰洛的结果反而堵塞了洛河航道，与通漕的总目的背道而驰。城东既不可能，那就只有求之于城西。其具体地点有可能在偃师市佃庄镇东新庄附近。其一，此处地势较高，海拔125米左右，与汉魏洛阳南侧地面高度相似，对迫使洛河水灌入城南阳渠有利。其二，如在这里堰洛，以部分洛河水灌入阳渠，可提高阳渠水量以利行舟。渠水至偃师以东，又流回洛河，也不会影响洛河航道的水情。其三，在此处，故洛河两岸高程基本相同，而今洛河却离开故道，陡然以近90度的大转弯折而往北，并由汉魏洛阳城南垣处东流。洛河道的这一变迁似非自然形成，背后应有强制其改变方向的原因。其四，洛河改道北流处以东，故河道两岸有夹河相对二村，名曰东石桥、西石桥。据当地人讲，传说故洛河上原有石桥一座，二村各据桥之一端。此地距故洛阳城甚近，文献不曾记载此处建有石桥。此所谓石桥，若确为曾经存在过的建筑物遗迹，是否可能即堰洛之堰的遗基呢？

此外，还有一点值得注意，文献中凡提到洛河暴涨造成水灾，总是说如何逼近城南垣最西侧之津阳门，而不及其他城门。永桥就架在洛河上，那里又有著名的永桥市，按说洛河泛滥应首当其冲，然而却未见这方面的消息。这一事实是否从反面向证明，由于堰洛地点在永桥西，即使洛河上游涨水，到这里也会被堰逼向阳渠，威胁故洛阳城南，而使永桥一带免遭水害呢？

研究者的上述认识连同他们提出的复原图，尽管不能等同于实证，但对于今后的考察工作，对于人们系统了解汉魏时期的引谷溉洛、堰洛通漕工程，都大有益处。

（三）实施引谷溉洛、堰洛通漕工程的意义

上述文献记载以及有关考古发现和研究表明，引谷溉洛和堰洛通漕，彼此相互贯通、密切结合，实为一项既能够解决城市供排水问题，又有益于漕运的综合性水利工程。人工开凿的渠道，集涧谷、瀍及沿途诸涧水为一水，源源不断地流入汉魏洛阳城，保证了城市用水的水源。这些渠水出城后，又汇而东流入洛增加了洛河水量，加强了洛河作为漕运航道的功能。漕船由黄河水路进入洛河，便可循人工渠道直达汉魏洛阳城中。这项综合性水利工程，在千方百计搜集水源的同时，还对引水

可能带来的水患给予了充分的注意。其措施之一，是由自然河道引水，不采用简单地堵的办法，而是修筑兼具引水和泄洪两种功能的堰。措施之二，是广开泄水、排水渠道。除城东两条漕运航道、城西诸堰以及涧谷、瀍水故道兼有排水或泄洪功能外，为了城区的安全，还特意在长分沟上架设了兼具控水、泄水职能的长分桥。有了这些措施，无论哪里出现异常水量，都可以就近泄入洛河，从而减轻对人工渠道的压力，有利于将水患消灭在渠水入城之前。

由此可见，这是一项计划周密、设计科学的大型综合性水利工程。这一工程出现在千余年前的汉魏时期，是一件十分了不起的事情。这一大型综合性水利工程的实施，带来了巨大的社会效益和经济效益，极大地促进了汉魏洛阳城的持续繁荣和发展。

关于其所带来的社会效益和经济效益，根据文献记载列举出以下四项：

其一是，为宫廷和城内外公私园林用水提供了充足水源。按《水经注》、《洛阳伽蓝记》和其他文献的记载，汉魏洛阳是一个环境美丽的古代都市。城内道路宽广，宫廷巍峨壮丽，寺庙佛塔林立，达官贵人宅第雕梁画栋。皇家禁苑华林园、西游园，层峦叠翠，曲池盘洹，殿前九龙吐水，华堂绿树掩映，奇花异草充满其间，堪称天下园林之最，风光绮旎，美不胜收。北魏城中的众多寺院多为环境优美之所在，至如名刹永宁寺、瑶光寺、长秋寺、景明寺等，更是绿水为文，青林垂影，花香满园，贯名京师，空气清新，红尘不染，犹如世外仙境。东汉梁冀在城西修建的园林，十里九坂，以象二崤，筑土为山，植木成苑，禽兽池鱼，无不俱全，作为私家园林，亦属罕见。其他，像城东渠道边之方湖、阮曲等，也都是名噪一时的风景区。所有这些，无不与城市用水水源充足密切相关。

其二是，因引谷溉洛、堰洛通漕工程为漕运提供了良好的航道，由洛阳可以东通河济，南引江淮，四方贡赋所由而至，直抵洛城仓廪之下。《洛阳伽蓝记》卷二"明悬尼寺"条载："寺东有中朝时常满仓，高祖名为租场，天下贡赋所聚蓄也。"《水经注·谷水》引《洛阳地记》称："大城东有太仓，仓下运船常有千计"，便是其时漕运便利的写照。

其三是，便利居民的生产和生活。关于这一点，《后汉书·张纯传》和《水经注·谷水》分别用"百姓得其利"、"洛中公私穰赡"等语予以概括。由散见的记事中，还可以归纳出两点：一是引谷溉洛，提高了汉魏洛阳地区地下水的水位，便于居民凿井汲水，以满足生活用水的需要；二是人们可以利用渠水落差，在渠道沿线装置水碓，为粮食加工服务。据记载，晋时张方入洛，破千金堨，"沟渠枯固，井多无泉"，"京师水碓皆涸"。由此可以想见，若无引水溉洛工程，汉魏洛阳城将处于何等困难的境地。

其四是，引谷溉洛渠道，四面绕城，既宽且深，兼作护城河，又具有加强都城防卫能力的作用。

这一大型综合性水利工程对于汉魏洛阳城持续繁荣和发展的重要意义，还不只是这些。应该特别指出的是，正是因为有了这一大型综合性水利工程，尤其是堰洛通漕工程，使洛河等自然河流得到了合理而有效的控制，北魏时期才敢于突破洛河的局限，跨过洛河在伊、洛河之间开辟新的居民区，建立四夷馆、四夷里和其他里坊，使以往不敢问津的多水患地带，变成了四方附化之民聚居的繁华区域。

　　据《洛阳伽蓝记》卷三的记载，所谓四夷馆，一名金陵，二名燕然，三名扶桑，四名崦嵫；四夷里，一曰归正，二曰归德，三曰慕化，四曰慕义。它们系在永桥以南、圜丘以北夹御道而建。吴人投国者处金陵馆，三年以后，赐宅归正里。北夷来附者处燕然馆，三年以后，赐宅归德里。东夷来附者处扶桑馆，赐宅慕化里。西夷来附者处崦嵫馆，赐宅慕义里。"自葱岭已西至于大秦，百国千城，莫不欢附，商胡贩客，日奔塞下，所谓尽天地之区已（矣）。乐中国土风因而宅者，不可胜数，是以附化之民，万有余家。门巷修整，阊阖填列，青槐荫陌，绿树垂庭，天下难得之货，咸悉在焉。别立市于洛水南，号曰四通市，民间谓永桥市"。没有上述水利工程，这在当时完全是不可能的事。

　　事实表明，在汉魏时期，已经为开发利用自然河流积累了丰富经验，有效控制自然河流的能力有了大幅度的提高。从都城发展史的角度看，其影响将是十分深远的。

注　　释

［1］段鹏琦《汉魏洛阳与自然河流的开发和利用》，《庆祝苏秉琦考古五十五年论文集》，文物出版社，1989 年版。以下记述有关研究成果主要采用此文的看法和观点。

［2］孔祥勇、骆子昕《北魏洛阳的城市水利》，《中原文物》1988 年第 4 期。

［3］中国科学院考古研究所洛阳工作队《汉魏洛阳城初步勘查》，《考古》1973年第 4 期；中国社会科学院考古研究所洛阳汉魏城工作队《北魏洛阳外郭城和水道的勘查》，《考古》1993 年第 7 期。

［4］同［2］。

［5］孟凡人《北魏洛阳外郭城形制初探》，《中国历史博物馆馆刊》1982 年第 4 期。

七　与东汉营建洛阳、东晋收复

洛阳相关的墓葬

1949 年以来，在洛阳地区发掘汉魏墓葬甚多，既有一般墓葬，也有汉魏帝王陵墓。限于本书的主题，对这些墓葬暂且略而不述，这里仅重点叙述与东汉营建洛阳城相关的刑徒墓和与东晋收复洛阳之役相关的"西人墓"。

（一）东汉刑徒墓

东汉刑徒墓内经常放置的刻文砖，习称刑徒墓砖。早在清光绪三十三年（1907 年）即有出土，1909 年《神州国光集》第七集首先发表了刑徒砖的拓本。端方曾收集到刑徒砖二百余块，将其中的一百三十三块编入《陶斋藏砖记》。1915 年罗振玉编《恒农冢墓遗文》，双钩摹印刑徒砖三十一块。1917 年，其编《恒农砖录》，复汇录刑徒砖铭文二百三十一块。关于刑徒墓砖的出土地点，或听信古董商信口雌黄，说是出于河南灵宝，但《神州国光集》已说是"洛中"出土，范寿铭《循园古冢遗文跋尾》卷一直称系"洛阳出土"[1]。

1958 年 2 月，河南省文化局文物工作第二队等得知在汉魏洛阳城南，即今偃师市佃庄镇西大郊村西出土刑徒墓砖的消息并派员前往调查，于同年先后在《光明日报》和《考古通讯》发表了有关报道[2]，才使刑徒墓砖出土地点这一多年的悬案，初步得到澄清和确认。作铭（夏鼐）为《考古通讯》

所发报道写的编者按指出："1955 年冬，黄河水库考古调查队在灵宝作调查工作，曾特别注意这一问题，想打听它们（刑徒砖）的出土地点，结果并无收获。这次洛阳出土这批墓砖，我怀疑当年或许也是洛阳出土的。所谓'出灵宝土中'，或为估人故意欺人之谈，正像他们最初说安阳小屯出土的甲骨卜辞是汤阴出土一样。"

《考古通讯》所发报道的资料，包括西大郊村西所出刑徒墓砖和汉魏城内龙虎滩村王佑捐献的刑徒砖拓本。鉴于这两部分刑徒砖的刻文，在格式上存在明显差别，调查者曾提出："此次调查时间太短，但确知刑徒坟场并非西大郊村一处，龙虎滩村附近定有坟场"。日后的调查表明，说刑徒坟场并非西大郊村一处无疑是正确的，但推断龙虎滩村附近定有刑徒坟场则不大可信。

1964 年，中国科学院考古研究所洛阳工作队对西大郊村西的刑徒墓地重新进行了调查并开展了大规模发掘（图三一），从而获得了关于东汉刑徒墓和刑徒墓砖的较为全面而深刻的认识[3]。

新的调查确认，此刑徒墓地，位于汉洛阳城南、故洛河南岸的一片高地上。北距汉至晋代洛阳城南垣约 2.5 公里。在汉代，此处应是较为荒僻的所在。现存刑徒墓地东西长约 250、南北宽约 200 米，总面积超过 5 万平方米。已发掘部分在墓地中部，包括一个 40×40 米的区域和其东的两条东西向探沟，总发掘面积计 2000 多平方米。共清理出刑徒墓五百二十二座，出土刑徒墓砖八百二十余块（图三二、三三）。

这批刑徒墓都是窄小的长方形竖穴土坑墓，绝大部分为南北向，极个别为东西向。墓坑长度一般在 1.8～2.3 米之间，宽

图三一　偃师西大郊刑徒墓地发掘现场

度 0.4～0.5 米。墓都很浅，最深的也不超过 1 米。墓内遗留有棺钉和板灰痕迹，说明刑徒死后曾用薄木棺殓葬。绝大多数墓内没有任何随葬品，少数死者身上放有五铢钱，一般只放一两枚，最多的一例为九枚。有两三座墓各放一件制作粗糙的釉陶碗或小陶罐。在一座女性墓里，发现一件小银圈。此外，墓中最常见的遗物，即为刑徒砖。通常每座墓放刑徒砖两块，一块发现于骨架上身，另一块发现于骨架下身。二砖之刻文，详略明显不同，估计它们原是下棺后放置于棺盖之上的，也有一墓只放一块或一块不放者。有的墓中发现多块墓砖，砖的位置零乱，推测其中除属于死者本人的一或两块外，其余应是他人的旧墓砖。这种现象的出现，当是利用旧墓坑埋葬后死者或将扰动翻出之旧墓砖随意掷入新墓的结果。在墓地中还发现过一

图三二　偃师西大郊刑徒墓地 M18 出土刑徒墓砖

些空墓坑，个别空墓坑中尚遗有墓砖。造成空坑的原因，是迁葬抑或是被破坏，受资料局限，难以准确判断。

在发掘区中，墓葬排列密集且井然有序。在前述 40 × 40 米的区域内，除了四座东西向墓外，共发现南北向墓三百九十九座。

自南至北排为十一排，每排有墓二十六至四十二座。排间距为 0.5～1 米，排内墓间距一般为 0.2～0.4 米，最密集处才 0.1～0.15 米。结合出土刑徒墓砖刻文的纪年分析，墓地内墓葬的排列同刑徒死亡时间的先后有密切关系。依墓砖判断，

图三三 偃师西大郊刑徒墓地 M59 出土刑徒墓砖

整个墓地的墓葬分布似可分为东西两区。东区以现已发掘之第二条探沟为代表。在此清理出刑徒墓一排七十八座，起自永初元年（公元 107 年）四月二十日，终于同年七月十六日，按时间顺序自东而西依次埋葬。西区以 40×40 米的区域和第一条探沟为代表，共清理出刑徒墓十一排四百三十五座（不含东西向墓），起自元初六年（公元 119 年）五月二十八日，终于永宁元年（公元 120 年）年底或次年年初，按时间顺序自南而北布排、排内则自西至东依次埋葬。东半部墓葬的年代显然早于西半部。总体来看，这批刑徒墓的年代皆属东汉安帝时期，前后差距不到十四年。

从刑徒墓砖刻文显示的日期可知，大体上是刑徒死后即行埋葬，似乎是每天一次，但也存在将数日间死亡的刑徒集聚起来一次埋葬者，故而在按时间顺序埋葬的墓列中，时而出现墓砖刻文的日子早晚错乱的现象。错乱部分的时间范围，在三至四天之间。由于埋葬时草率从事，以至有将刻文砖弄混者。

在发掘过程中，还发现一个值得注意的现象，即有的刑徒入葬没有几年，墓葬即被挖开，骨架被扰乱，墓坑被用来埋葬新死的刑徒。这表明，官府对刑徒墓的保存和管理并不十分重视。

墓内骨架大多保存得比较完整。根据对其中四百二十二具刑徒骨骸所进行的鉴定，在能够分辨性别的有三百九十七例中，属于男性或可能是男性的有三百九十例，占两性总数的98.2%；属于女性或可能是女性的仅七例，才占两性总数的1.8%。可见，这批刑徒墓基本上是一组男性墓葬。也就是说，在此服刑的刑徒绝大部分为男性。值得注意的是，这批骨骼中，有相当数量个体之粗壮程度（特别表现在肢骨上）超越通常男性的一般水平。据此推测，这些刑徒生前可能曾长期从事大强度的体力劳动。

从死亡年龄分析，刑徒骨骼中，除三例不足 3 岁的幼婴外，其余个体的年龄变化幅度大致在 13～50 岁之间。据三百三十例可估计年龄之个体统计，其累计年龄总和为9959.5 岁，平均死亡年龄仅 30.18 岁。平均死亡年龄如此之低，当与刑徒中存在较多非正常死亡现象有关。从死亡的年龄段看，除去不可能属于刑徒的婴儿，18 岁以下的青少年只有十三例，其余皆为成年犯人；在成年犯人中，没有记录到 55 岁以上的老年个体。因而可以说，这是一组死于青、壮年和中年的刑徒，其死亡年龄高峰在 25～34 岁之间的壮年阶段（占 49.5%），次为青年阶段（占 21.3%）和中年阶段（占 22.8%），后两个年龄段的比例比较接近。

研究者还对刑徒骨骸进行了病理和创伤鉴定[4]。在具备鉴定条件的全部四百二十二例个体上，观察到各种病理标本八十九例，创伤标本三十一例。病理观察辨认出的病变骨骼显示，其中以患各种齿病者居多，少数患有类风湿性关节炎、骨膜炎以及头骨生长畸形等。三十一例创伤标本，除两例长骨骨折可能是间接暴力引起者外，其余二十九例均为直接暴力所致。此所谓直接暴力，系指用各种器械（含锐器和钝器）所砍击者。

这些由直接暴力造成的骨骼创伤，创口多数为穿孔性骨折，并伴有粉碎性骨折和个别凹陷性骨折。有些受创程度较轻，仅在骨表面留下创壁平整的凹沟或线状浅沟。损伤部位绝大部分在头部，其余散见于其他体骨上。根据对创伤实例的综合分析，鉴定者归纳出以下三个特点：

第一，90% 以上的创伤发生在头骨部位，头盖骨部分受创者二十一例，下颌骨受创者三例，面部受创者一例（面骨受创例数少的原因，可能因面骨更易碎失而受创骨殖大多未保存下来）。在受创的标本中，将近 60% 的创口出现在额骨部分，其次多见于顶骨。

第二，受创个体中，大部分存在多处创口，创口最多的一例，其肱骨和胫骨上所见到的砍创痕迹竟多达二十八九处。

第三，锐器伤多于钝器伤，前者二十三例，后者仅九例。锐器伤中，轻重程度不等的砍创共二十例，刺伤五例。在锐器和钝器所造成的两类创伤中，有许多是属于致命的穿孔性骨折和粉碎性骨折。在此类创伤的创口周缘没有骨组织修复痕迹。

依据上述现象判断，这些受创伤个体的死亡原因显然是属于"他杀"，而且多数是在受创后即刻就死亡的。前文曾经指出，这批死者平均死亡年龄如此之低，当与刑徒中存在较多非正常死亡现象有关。这些骨骼创伤标本更进一步向我们表明，许多刑徒在服刑期间惨遭杀害，应是非正常死亡的重要原因之一。需要说明的是，这里所说的，只是暴力致伤累及骨组织的一部分，不包括因要害部位的软组织器官受创而毙命者。如将后者估计在内，刑徒在服刑期间非正常死亡的比例，恐怕还要高出许多。

墓中所出刑徒砖都是利用残断大长方砖块或废旧小长方砖，文字阴刻在砖的正面和背面，有一些甚至是用旧刑徒砖除去旧刻文字而于另一面重新刻文，也有个别砖只有朱书文字而无镌刻文字。刻文均为隶书体，自上而下、自右而左竖行写刻。行笔较为自由、流畅，毫无板滞意味，堪称为碑刻、简牍之外又一批珍贵东汉书法资料。

刑徒墓砖刻文的常见格式，可划分为七种：一是仅刻姓名；二是于姓名之上加刻"无任"或"五任"二字；三是于姓名之上加刻郡县名；四是于姓名之上依次刻郡县名、刑名；五是于姓名之上依次刻"无任"或"五任"、郡县名、刑名；六是依次刻"无任"或"五任"、郡县名、刑名、姓名、死亡日期；七是依次刻部属、"无任"或"五任"、郡县名或狱名、刑名、姓名、死亡日期，并注明"死在此下"。其中第七种应是按照当时的规格所填写之标准格式，其他则是这种标准格式的简化。第一至三种刻文砖多与第七种刻文砖同出于一墓，说明简化格式的出现，可能是为了简便、省工或受残砖大小局限的结果。

在以上标准格式之外，还发现有附记"代刑"、"勉刑"、"官不负"、"寄葬"、"第×茏"等特殊说明文字者。

比较居延汉简田卒名籍册的款式知道，这些刑徒墓砖的刻文大约是录自刑徒死亡登记册，而不是刑徒的名籍。

刑徒墓砖刻文中部属名，一般写作"左部"、"右部"，有时省为"左"、"右"，显然是管理刑徒役作的专门机构。或以为"左部"、"右部"即将作大匠所属之"左校"、"右校"，但也有不同看法。持不同看法者认为，东汉时所谓的部，是指刑徒役作的作部，是刑徒役作机构的一种泛称。东汉初年省官并职，左、右校也在汰减之列，迟至安帝延光三年（公元124年）才有左、右校建制。这批刑徒砖差不多皆为建光元年（公元121年）以前刻成，时尚无左校、右校，刻文中的左部、右部便不可能是左校、右校的简称[5]。

刑徒砖刻文中的"无任"或"五任"，是用于服役刑徒的专有名词。关于这两个名词的解释，有人以为，无任"当作因罪免官，无职可任解，在墓砖上表示为官犯，与民犯有所区别。但无任一名词，其中尚包含两种性质，一种轻者为禁锢家中，……一种重者更应调服役。"[6] 也有人认为，无任之任，"应作'保任'解"。"'无任'一词，在古代法律上，系指无人作保之意，……因为无法取保的罪人必须戴上刑具服劳役"[7]。张政烺先生依据《资治通鉴》卷一五九引《隋书·刑法志》胡三省注文认为，五任是指有技能的刑徒；无任是没有技能可供任使的刑徒，服劳役时要戴刑具[8]。

刑徒墓砖刻文中的郡县名，20 世纪 50 年代调查者曾以为是刑徒的籍贯，但发掘出土的刑徒砖，此项中既有刻郡县名者，又有刻"少府若卢"者，而后者无疑为狱名，证明将郡县名理解为刑徒籍贯与史实抵牾，正确的理解应该是，那些郡县名也像"少府若卢"一样，是刑徒输作洛阳以前所在郡县狱所的名字。据统计，这批刑徒砖刻文中的狱所包括了司隶、豫、冀、兖、徐、青、荆、扬、并等九个州所辖之三十九个郡国（占当时全国郡国数的三分之一强）、一百六十七个县。除益、凉、幽、交四州外，中原和长江中、下游各州郡都有刑徒被征调到洛阳来服役，最远的来自扬州会稽山阴（今浙江绍兴）。一个非常突出的事实是，在八百二十余块刑徒墓砖中，刻有专门鞫治官吏之"少府若卢"狱名者，只有四例，不足全数的0.5%，且有三块为旧刑徒砖。这表明，现已发掘之五百二十二座墓的死者，只有一人是从"少府若卢"狱中解来的。因此可以说，在洛阳服役的这批刑徒中，犯罪官吏微乎其微。

刑徒砖所见刑名，有髡钳、完城旦、鬼新（薪）、司寇四种。按照汉律，刑徒髡钳为五岁刑，所谓髡钳，指服刑者需剃发并以铁刑具束颈。完城旦为四岁刑，服刑者去其鬓而完其发，且起行治城。鬼薪为三岁刑，取薪给宗庙。司寇为二岁刑，输作司寇。在二百七十三例记有刑名的刑徒墓砖中，髡钳占56%，完城旦占33%，此二者占全数的90%弱；鬼薪和司寇，分别占7.4%和3.6%。

汉代法律和秦代法律一样，对女犯规定了与男犯相应的刑名和刑期，只是在服役时实际从事的工种有所不同。在这批刑徒墓所葬死者中，也有为数不多的妇女，但墓砖刻文皆未标出刑名，身份不易确认。以常理推测，她们或者是女刑徒，或者是被株连拘系的刑徒亲属。

除此之外，研究者还对前述刑徒砖刻文中所见代刑、勉刑、官不负、寄葬、第×茏等特殊说明文字，分别进行了考证或解释。认为第×茏，"不是指埋葬的坑位而言，可能是指左校或右校管辖下的刑徒的编制组织"。官不负一词，有时单用，有时与寄葬连用。官不负，"为汉代考课公文中之常用语，又作'不以为负'可能是指某刑徒的死亡和埋葬，官方不负任何责任"。如与寄葬一词连用，应是将"官方不负任何责任"的死者寄埋在刑徒墓地内的意思。代刑，即以某人代替某人来服劳役。如标本 M11 – 39：1 刻文为"五任南阳鲁阳鬼新胡生代路次元初六年闰月十四日死"，即是胡生代替路次服役的例子。代刑的存在说明，官吏和有钱有势者是可以借此逃避刑罚的。在这批刑徒砖中，注明由某人代替某人者，共四例，其中一例未标明其人为"五任"或"无任"，其余三例均标明为"五任"，此点曾引起人们的关注。关于"勉刑"一词的含义，研究者注意到这样一个事实，即这批刑徒砖中，刻文注明"勉刑"者，共六例，有两例未标明其人为"五任"或"无任"，其余四人均标明为"无任"。无任的刑徒在服劳役或解送途中都要戴刑具，如因某种原因不戴刑具时，则需特别予以注明，这就是上述刑徒砖刻文注出"勉刑"二字的来历。依此理解，此"勉刑"即"免刑"。在居延汉简中，这种"免刑"徒被称为"施刑士"或"施刑"，《汉书》和《后汉书》均称其为"弛刑"。这种"免刑"或"施（弛）刑"徒虽不戴刑具，但身份仍为刑徒。对此，有学者也持不同看法，指出"或认为免刑即弛刑，恐未必是。免刑、弛刑在汉代是两个不同的法律用语，故其含义也各不相涉"[9]。

刑徒是秦汉历史上一个重要社会问题，历来为学术界所关注。这些刑徒墓和上千块刑徒砖的发现，为刑徒问题研究增添了一大批内容丰富而翔实的实物资料，学术价值之高，不言而喻。当时刑徒的悲惨遭遇，近似于奴隶社会的奴隶，除没入钟官等官府手工业或屯田、戍边之外，经常被调发某地从事筑城、造墓、修建大型水利工程等等繁重劳役。有关文献中曾留下诸多从全国各地狱所调发刑徒到司隶校尉、将作大匠等所辖工地服役的记录，劳役项目有替帝王贵族修建陵墓、宫苑、府第，更有筑城、治水挖河、开凿栈道、修路架桥、冶铁采铜、造瓦、伐木、漕运等等。一般刑徒如此，这批刑徒自然也不例外。鉴于西大郊刑徒墓地傍东汉洛阳城而建，且文献上又见有用"徒"修太学、津城门内大阿母宅第等记事，推测西大郊墓地的刑徒应同洛阳城的各项城市建设有着更加密切的关系。

（二）"西人墓"

此所谓"西人墓"，即分布于汉至晋代洛阳城东高地景阳岗上的丛葬墓地。1988 年配合 207 国道公路建设工程时发现，并进行了重点发掘[10]。

此类丛葬墓地共发现两处，分别位于景阳岗的中部和北部。墓地范围都不太大。由勘探得知，岗中部墓地东西长约 7、南北宽约 9 米，估计有墓葬近四十座；岗北部墓地，东西长约 6、南北宽约 7 米，估计有墓葬二十余座。因临近夏收和筑路工期的局限，对墓地没有全面揭露，仅于岗中部墓地开探方两个，清理墓葬十五座；于岗北部墓地开探沟一条，发现墓葬十三座。从而获得了对墓葬整体面貌和内涵的基本认识。

两处丛葬墓地布局大体一致。墓地内的墓葬，均南北成行排列，并然有序。岗北部墓地已发掘的十三座墓葬皆东西向，头东脚西，排成两行。岗中部墓地的墓葬排列方式与岗北部墓地略有差异。从暴露情况看，墓葬内近四十座墓葬的排列规律大约是这样：整个墓地可分为东、中、西三个区。东西二区内各有一行东西向墓，每行有墓葬十一二座，头向或东或西，无一定规律；中区墓葬皆作南北向，自南至北排作四排，每排约有墓葬四座，已发掘的墓葬中有六座在中区，头向皆朝南（图三四）。此外，从二墓地中还可看到以下具体特点：

第一是丛葬墓地所葬死者，皆人各一棺，棺仅容身。棺板甚薄，板灰宽度（即板厚）一般为 4 厘米左右。棺无榫卯，俱以铁钉钉合。棺底铺白灰。

第二是丛葬墓地内，棺各一穴，穴仅容棺。其排列十分密集，相邻两穴间距才 10～15 厘米。墓穴头端常置残断或完整的长方形素面小青砖一块，有的砖上残存朱书铭文。

第三是死者的骨架多未经后世扰乱，躯体各部位骨骼甚少错乱现象，唯头骨错位者较为普遍。以岗中部墓地为例，有的头骨偏离颈骨一段距离，头骨下连一二节颈骨。个别头骨甚至倒置，以顶骨与颈骨相对。

第四是所有死者均有一定数量的随葬品。除几乎全部随葬铜钱外，各墓还分别随葬有漆器、小陶器、滑石猪、石蝉、耳鼻塞、玉眼盖、玉璧片、料珠、铁刀、铜带钩、铜顶针、小铜镜、铜弩机等。

墓地本身的上述特点表明，墓地的死者骨骸，皆无迁葬迹象，当属一次性埋葬，其入葬时间应当是完全一致的。两墓地墓穴排列所呈现的极强规律性，又说明埋葬死者的活动，应是按照预定方案有组织地进行的。墓地内的死者骨骸既非由他处

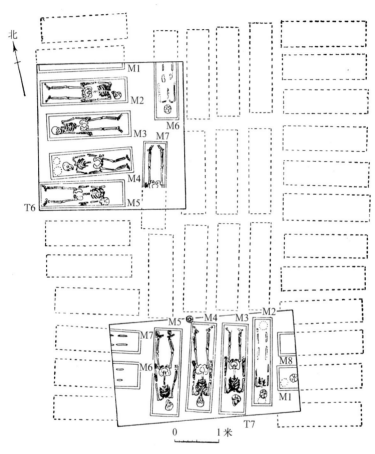

图三四　景阳岗中部墓地墓葬分布示意图

（采自《考古》1992 年第 1 期《洛阳汉魏故城北魏外郭城内丛葬墓发掘》）

迁来，便排除了其为收集荒野无主尸骨集中埋葬的可能性。所有死者都有一定数量的随葬品，且在数量和质量上都远非不幸身亡的刑徒们可比，墓内又无刑徒墓砖出土，可见它也不是刑徒墓地。死者中身首分离的人数较多，故此类死者更非成批死于灾荒或传染性疾病的平民百姓。唯一不能排除的，是因战争成批死亡并集中埋葬的可能性。

为弄清这种丛葬墓究竟是什么人的墓葬，我们曾经结合墓葬的地层关系和出土遗物进行了两方面的探讨，一是墓葬的相对年代，二是出土朱书铭砖上的铭文[11]。

前项探讨，由于两处丛葬墓地都是直接叠压在北魏层之下，出土遗物中，有些器物如铜钱、铜镜等虽然具有东汉晚期器物的特征，但流行时间较长，不能据以排除丛葬墓形成时间晚于汉代的可能性。故而发掘简报将丛葬墓的时代上限划在东汉晚期以后、下限定在北魏以前是比较平稳的。

后项探讨主要是借助文献考证出土朱书砖铭中"西人"一词的确切含义。

据报道，发掘出土墓砖上残存朱书铭文者共两例。它们出土于岗中部墓地 T7M4 和 M5 之间，文皆隶书，颜色有些脱落，多数文字尚可辨认。其铭文分别为：

①"南头第十九西人故在」东北头第一柱间□」□□头"

②"南头第廿西人故在东」□北头第一柱间□□」□□故在东南□□"

通观铭文，似乎主要在于记述墓穴的方位及其编号，而"西人"一词显然是一个专有名词。在这一专有名词中，"西"字作为表示地理方位的本义好像并未完全消失。这使我们联想到汉魏六朝时期一些文献如《史记·货殖列传》、沈约《齐纪》有关"西楚"、"西土"等地域概念的记述或记事。值得注意的是，此"西楚"、"西土"的西，在地域上都与荆襄一代有关。"西人"一词的西，是否也有同样的含义呢？从《宋书·胡藩传》关于刘裕讨伐桓玄的一段记事看，"西人"一词中的西字确有指荆襄地区的含义，但"西人"作为一个专有名词，并非泛指荆襄一带的人们，而可能是专指来自荆襄一带并活跃在当时政治、军事舞台上的一批特殊人物。

《宋书·胡藩传》有关原文为："（刘裕）义旗起，玄战败，将出奔。藩于南掖门捉玄马控曰，'今羽林射手犹有八百，皆是义故西人，一旦舍此，欲归可复得乎？'玄直以马鞭指天而已。于是，奔散相失。"《资治通鉴》卷一百一十三晋纪三十五安帝元兴三年（公元 404 年）条载有同一事，对胡藩谏桓玄语记述更详。其云："胡藩执马控谏曰，'今羽林射手犹有八百，皆是义故西人，受累世之恩，不驱令一战，一旦舍此，欲安之乎？'玄不对，但举策指天。"胡三省注："桓氏世居荆楚，西人皆其义旧，此盖从玄东下。桓既篡，因以为羽林。"显然，这里所说的"义故西人"，正是东晋时期执掌朝廷大权的荆楚望族桓氏从老家带出来的一大批亲信和追随者。他们世世代代受桓氏厚恩，对桓氏忠贞不二，成为桓氏政治、军事势力的一支中坚力量。依胡三省注语例，"义故西人"，或可简称为"西人"。

鉴于"义故西人"生活的时代，与汉魏洛阳城丛葬墓死者的时代基本相符，我们便有理由提出，汉魏洛阳城丛葬墓中的死者——西人，是否就是东晋时期桓氏家族的"义故西人"呢？为此，我们查阅了有关文献记载，认为丛葬墓死者属于桓氏义故西人的可能性无疑是存在的。

在两晋时期，桓氏家族先后出现过多位影响颇大的历史人物，桓玄及其先辈桓彝、桓温等即是其例。桓玄之父桓温出将入相，执掌东晋军政大权多年，更是一个位极人臣、权倾朝野的显赫人物。对他一生的人品、政绩，这里可以置之不论，但应该特别提出这样一件事，即他在东晋穆帝永和十二年（公元356年），曾经率军进行过一场以收复故都洛阳、修复西晋五陵为目的的北伐战争。此事载于《资治通鉴》卷一百晋纪二十二。这是东晋时期桓温北伐取得成功的记录，也是西晋灭亡、五陵遭劫后，东晋、南朝屡次发动以收复洛阳、修复五陵为目的的军事行动的第一次胜利。在此期间，温曾屯驻"故太极殿前，既而徙屯金塘城"，还曾"谒诸陵，有毁坏者皆修复之，各置陵令"。"义故西人"既是受桓氏"累世之恩"，自当包含桓温给予的恩惠在内。他们之中自然不乏桓温的幕僚亲信及积极追随者。桓温举行北伐这种大规模军事行动，将士中必然有一大批桓氏家族的"义故西人"，因此，"义故西人"死后葬于洛阳便在情理之中。

所以，汉至晋代洛阳城东丛葬墓，很可能就是桓温北伐时"义故西人"在洛阳战死或因其他原因死亡者的葬地。这种丛葬墓地究竟有多少，目前尚不清楚，但肯定不会是只此二处。

注　释

[1] 中国科学院考古研究所洛阳工作队《东汉洛阳城南郊的刑徒墓地》，《考古》1972年第4期。

[2] 黄士斌《汉魏洛阳刑徒坟场调查记》，《考古通讯》1958年第6期。

[3] 同[1]。

[4] 潘其风、韩康信《洛阳东汉刑徒墓人骨鉴定》，《考古》1988年第3期。

[5] 吴荣曾《汉刑徒砖志杂释》，《考古》1977年第3期。

[6] 陈直《古器物文字丛考》，《考古》1963年2期。

[7] 于豪亮《居延汉简校释》，《考古》1964年3期。

[8] 张政烺《秦汉刑徒的考古资料》，《北京大学学报（人文科学）》1958年第3期。

〔9〕 同〔5〕。

〔10〕 中国社会科学院考古研究所洛阳汉魏城队《洛阳汉魏故城北魏外郭城内丛葬墓发掘》,《考古》1992 年第 1 期。

〔11〕 段鹏琦《对汉魏洛阳城外郭城内丛葬墓地的一点看法》,《考古》1992 年第 1 期。

八　汉魏洛阳城遗址考察工作展望

迄今考察汉魏洛阳城遗址的主要考古发现和研究成果已如前述。作为多年直接参与该故城遗址考古勘察和研究的考古工作者，还想趁此机会，结合学者们的有关论述，再就考察此城的意义和今后实际勘察工作的深入开展，谈一点粗浅认识，权作这本小册子的结束语。

（一）考察汉魏洛阳城遗址的意义

鉴于汉魏洛阳城曾是中国历史上一连串王朝的都城，故而备受多学科学者的广泛关注。然就对故城遗址的考古学研究而言，人们尤为关心的，莫过于各个历史时期不同的城市建筑布局及其相关的物质文化特征和文物制度。

已故著名历史学家陈寅恪，在其 1963 年出版的重要著作《隋唐制度渊源略论稿》一书中，论及隋唐制度的渊源时就曾指出："隋唐之制度虽极广博纷复，然究其因素，不出三源：一曰（北）魏、（北）齐，二曰梁、陈，三曰（西）魏、周。所谓（北）魏、（北）齐之源者，凡江左承袭汉、魏、西晋之礼乐政刑典章文物，自东晋至南齐其间所发展变迁，而为北魏孝文帝及其子孙模仿采用，传至北齐成一大结集者是也。"其在旧史往往以"汉魏"制度（或以"山东"）目之，"实则其流变所及，不止限于汉魏，而东晋南朝前半期俱包括在内"。

"又西晋永嘉之乱，中原魏晋以降之文化转移保存于凉州一隅，至北魏取凉州，而河西文化遂输入于魏，其后北魏孝文、宣武两代所制定之典章制度遂深受其影响，故此（北）魏、（北）齐之源其中亦有河西之一支派……""所谓梁陈之源者，凡梁代继承创作陈氏因袭无改之制度，迄杨隋统一中国吸收采用，而传之于李唐者，易言之，即南朝后半期内其文物制度之变迁发展乃王肃等输入之所不及，故魏孝文及其子孙未能采用，而北齐之一大结集中遂无此因素者也"。"所谓（西）魏、周之源者，凡西魏、北周之创作有异于山东及江左之旧制，或阴为六镇鲜卑之野俗，或远承魏、（西）晋之遗风，若就地域言之，乃关陇区内保存之旧时汉族文化，以适应鲜卑六镇势力之环境，而产生之混合品。……其影响及于隋唐制度者，实较微末。故在三源之中，此（西）魏、周之源远不如其他二源之重要"[1]。

在此总体认识的基础上，当作者论及隋唐都城制度时以为，隋大兴即唐长安城都城制度的创建，"实受北魏孝文营建之洛阳都城及东魏、北齐之邺都南城之影响，此乃隋代大部分典章制度承袭北魏太和文化之一端"使然。此外，作者还依据史料推断，北魏太和洛阳都城制度的确立，必与东晋至南朝前半期之建康（今江苏南京）、凉州都会姑臧（今甘肃武威）、北魏故都平城（今山西大同）的影响有密切关系[2]。陈先生的这些观点，受到包括考古学者在内的广大学界人士的普遍重视。

在对汉魏洛阳城遗址实施全面考古勘察并有较多实物资料公布之后，宿白于1978年发表文章认为："隋创大兴城，参考了东魏、北齐邺南城的规划，但邺南城又系'上则宪章前代，下则模写洛京'(《魏书·儒林·李业兴传》)。……北魏洛阳、东魏北齐邺南城和隋大兴城一脉相承的关系大致清楚。"[3]"北魏设计的洛阳郭城显然是隋创建大兴、洛阳两城的主要根据；北魏洛阳的里坊制度，甚至为隋唐新建的许多重要的地方城市所参考"。

谈到故都平城和南朝建康对北魏洛阳城市建筑布局的影响，文章还具体指出以下几点：一是"北魏兴建洛阳和以前兴建平城相似，都是把地势较高的汉以来的旧城，置于中部偏北，然后在其低平的外围，主要在东、西、南三面兴建郭城"。二是"集中全部宫廷建筑于旧城中部偏西的北侧兴建的宫城之中，这就彻底改变了汉魏洛阳南北宫的分散设计，显然这是沿袭了平城的布局"。三是北魏洛阳城"废了后市（按，此指西晋洛阳金市），是我国都城布局史上一项重要改革，这一点也和平城不设后市的情况相同"。四是北魏洛阳城在里坊的设置和管理上，"可以推测大约是参考了以前平城的经验的"。五是北魏洛阳在宫前南北向主干大道铜驼街左右两侧布置中央衙署和庙、社，"大约是参考了南朝都城建康的设计"[4]。

我们也曾结合城址勘察梳理有关文献，提出过一些大胆的推测性意见，认为汉魏洛阳城的南北宫对峙格局，似非始于东汉，而应形成于秦以前城区一再扩展的东周末年。这种在特定历史条件下出现的城市布局，适应西周至东周时期伴随时代前进统治机构不断扩大的要求，较之秦都咸阳、西汉长安那种宫殿过于分散的状况，显然具有相对的优越性，故而能够持续数百年，一直维持至两汉。

南宫消亡转而实行单一宫制，似也不以北魏为开端，而应注意曹魏时期。在曹魏都洛初期，主要以汉北宫区为基础大营洛阳宫，南北二宫抗衡的局面实质上解体，预示此城正向着如同曹魏邺城那样的新型城市布局过渡。北魏都洛，在新的历史条件下大规模营建洛阳，修建外郭城，实现了汉魏洛阳城市布局的一次历史性变革。这一新的城市布局，对后世产生了积极影响，隋唐长安的都城布局正是由北魏洛阳城发展而成，隋唐洛阳城将宫城置于大城西北一隅的做法，也可能是受了汉魏洛阳之有金墉宫的启发[5]。

古建筑学者王铎从城市规划史的角度发表看法认为，自西周以至于明清，我国古代都城城市规划的发展，大体可分作三个阶段，西周至秦汉（按，指西汉）为第一阶段；自东汉开始，经魏、晋、隋、唐到北宋为第二阶段；自北宋末期以至元、明、清为第三阶段。第二阶段封建城市的突出标志是：分区规划，里坊制出现，而奠定这一规划制度的正是北魏洛阳城[6]。

汉魏洛阳城及其深远影响，还曾引起国外古代城市研究者的重视。日本学者岸俊男1981年出版的《日本的古代宫都》一书，在讲"都城的源流"时，根据关野贞日本平城京模仿唐长安城的观点进一步引申认为，日本平城京的原型是藤原京；在中国都城中，汉、魏、晋以来的北魏洛阳内城是周礼型正统的都城，隋唐长安城则是由它发展而来的变型。以藤原京的整体形制、宫苑位置、坊制、商市等与中国汉唐都城相比，与北魏洛阳内城较唐长安城更为接近，当是依据北魏洛阳内城设计、营建起来的[7]。对这种观点，中国学者王仲殊持否定态度，以为"个别日本学者认为日本7世纪晚年所建都城藤原京在形制上模仿早在一百数十年前化为丘墟的北魏洛阳城，实在是没有根据的"[8]。王先生的意见固然合乎情理，然从其他中国学者关于隋唐长安影响日本都城建设的论述看，若从制度的渊源上立论，藤原京的形制和坊制似乎不能说与北魏洛阳城没有任何关系[9]。

以上所引各种个人见解，显然不能一概视为目前学术界在有关学术问题上的定论，但应该肯定的一点是，了解这些见解，可以使人们从中得到很多有益启迪，从而以更加广阔的视野、从更深的层次上深刻理解汉魏洛阳城遗址在我国古代都城史研究方面所具有的重要地位和价值。它使人明确，考察这一古城遗址的意义，已不仅仅局限于该遗址本身，还将直接影响到其他相关城址考察乃至整个古代都城史研究的进程和深度。这对于进一步加强做好遗址保护和考察工作的信念，对于正确看待已有的考古发现和研究成果，有计划、有步骤地开展今后的勘察和研究，都是十分必要的。

（二）汉魏洛阳城遗址考察工作展望

迄今为止，对汉魏洛阳城遗址开展的考察工作，概括起来，主要有以下五项：

第一，对城址及其周围地区地理环境的调查；

第二，以把握该城历史沿革为目的，进行对西周以来历代城址的考古勘察，重点是从全局出发，探查东汉、曹魏、西晋、北魏四代洛阳城的城市范围、形制及基本建筑布局；

第三，较全面地勘察、发掘了一批不同时期、不同类别的大型建筑遗址，以及主要水陆交通遗迹和一些手工业遗址；

第四，发现了包括建筑材料、生活用品、生产工具、优秀文化艺术品在内的一大批陶、瓷、石、铜、铁等不同质料汉魏遗物；

第五，在城址范围内，发掘了为数众多的汉魏墓葬。它们分别属于不同类型，性质也有极大差异。

这些考察和发现，为考古学研究提供了较为丰富的宝贵资料，关于汉魏洛阳城的各项研究因之得以蓬勃展开并取得累累硕果。

这不仅使与城址相关之各个朝代、尤其是东汉、曹魏、西晋、北魏四代都城洛阳的城市建筑布局和都市生活风貌越来越清晰地显现出来，还使人们透过相关古代遗迹和遗物，更加真切地感受到汉魏时期政治、经济、军事、文化生活的某些特征以及当时科学技术所达到的水平。

应该指出的是，仅仅这样认识以往的考古发现与收获，还不是事情的全部，因为它遗漏了一个重要方面，那就是已有的考古发现和研究对今后该城考察工作的深入开展，所具有的重要价值和作用。

且不说在以往数十年的实际工作中，在遗址保护或考古调查发掘方面，积累了十分丰富的经验，自是今后可资借鉴的一份宝贵财富。除此而外，至少还有以下三点值得特别提出：

其一是，如果与考察汉魏洛阳城的总目标联系起来看，以往的所有考古发现和研究成果中，最为重要的收获，当数在实际勘察资料的基础上，获得了关于东汉、曹魏、西晋、北魏四代都城城市基本布局的具体认识。因为这既是一项基础性工作，也是城址考古的关键之所在，对历代城址一层层直接叠压在一起的汉魏洛阳城来说，更具有特殊意义。如若没有对不同时代城址在范围、形制和基本布局方面较为清晰的认识，一切实际勘察工作的开展必将带有巨大的盲目性，不但难以达到预期目的，反而容易糊里糊涂堕入十里迷雾，纵然使尽九牛二虎之力，恐也难逃徒劳无功、反导致混乱的厄运。这也正是我们之所以花大力气、优先查明城址历史沿革的根本原因。有了对历代城址范围、形制和基本布局的具体认识，犹如掌握了各个时代洛阳城城市结构的基本框架，无论在何地工作或是探讨何种建筑项目和遗迹，都可以做到头脑清醒、有条有理，少几分盲目，多几分自觉，容易得到事半功倍的效果。

其二是，通过数十年考古勘察和研究，对各相关朝代之建筑技术、建筑材料和其他遗物的特点及其演变，取得了一些规律性认识。尽管这些认识，目前尚显得不够系统、完整，有待于进一步充实和完善，但显然已具有一定的广度和深度，起码是今后在考察和研究工作中的重要参考依据之一。

其三是，通过以往的考古勘察和研究，进一步明确了今后开展汉魏洛阳城遗址考察的工作重点和工作方法。我们觉得，对汉魏洛阳城的考察，目前已处于由一般性全局考察向有计划、有步骤逐项重点考察过渡的时期，今后的考察工作，显然应以实施后项考察任务为主。

受前述考古发现和研究启发，我们以为，在实施后项考察任务时，似应坚持主攻重点、兼顾一般的工作方针。在东汉、曹魏、西晋、北魏四代都城遗址中，北魏洛阳城自然应列为优先于其他城址的工作重点，而尽可能详尽地做好宫城和里坊制度的考察，更是重中之重。东汉、曹魏和西晋城址，虽不能与北魏洛阳城等量齐观，但对其宫城的考察，同样应当置于足够重视的地位。

在工作方法上，似可采用主要从究明北魏洛阳城有关建筑遗迹入手，同时注意发现并抓紧一切机会和线索，探查汉至晋代建筑遗迹。这样做，既与诸城址的保存现状相适应，又有利于解决与古代都城史研究有关的种种问题。鉴于今后依然有可能出现目前尚不可预见的复杂情况，故而在实际工作中，务必要处理好重点和一般的辩证关系，以免给考察工作造成难以弥补的损失。

总之一句话，现有考古发现和研究，已经为今后汉魏洛阳城遗址考察工作的健康发展并取得圆满结果，打下了坚实基础。因此，当我们面对目前仍然保存基本完好的汉魏洛阳城遗址，展望新世纪考察工作的未来时，对美好前景充满信心。毫无疑问，只要我们乐于为之付出长期而艰苦细致的辛勤劳动，那么，这一蕴涵丰富的古都遗址必将像敞开大门的历史宝库，焕发出绚丽光彩。

注　　释

[1] 陈寅恪《隋唐制度渊源略论稿·叙论》，中华书局，1963年版。

[2] 陈寅恪《隋唐制度渊源略论稿·礼仪》"附：都城建筑"，中华书局，1963年版。

[3] 宿白《北魏洛阳城和北邙陵墓——鲜卑遗迹辑录之三》注[21]，《文物》1978年第7期。

[4] 同[3]。

[5] 段鹏琦《汉魏洛阳城的几个问题》，《中国考古学研究——夏鼐先生考古五十年纪念论文集》，文物出版社，1986年版。

[6] 王铎《北魏洛阳规划及其城市史地位》，《河洛文化论丛》，河南大学出版社，1990年版。

[7] [日]岸俊男《日本的古代宫都》，日本放送出版协会编集，1981年。

[8] 王仲殊《论洛阳在古代中日关系史上的重要地位》，《考古》2000年第7期。

[9] 如宿白《隋唐长安城和洛阳城》一文（见《考古》1978年第6期）认为，隋唐时代正当日本巩固奴隶制的时期，日本统治集团极力吸取隋唐文化，

模拟中国制度，开始兴建都城。其时所建都城，仿效隋唐时代长安和洛阳的制度，是它们的共同特点。值得注意的是，它们的仿效都兼取了长安和洛阳的设计。其对具体仿效项目曾列表予以展示。表中所列诸项，与藤原京有关且被认为是源于洛阳制度者有两项，一是"京城面积南北长、东西窄"，二是"方形坊里或大部是方形坊里"。文中还曾强调指出，隋唐洛阳"缩小里坊面积，划一方三百步（一里）的里坊规格，这是洛阳故都（北魏洛阳城）旧制的恢复"。

参 考 文 献

1. 徐松辑《河南志》。

2. 洛阳市地方史志编纂委员会编《洛阳市志·文物志》，中州古籍出版社，1995 年版。

3. 阎文儒《洛阳汉魏隋唐城址勘察记》，《考古学报》第 9 册，1955 年。

4. 中国科学院考古研究所洛阳工作队《汉魏洛阳城初步勘察》，《考古》1973 年第 4 期。

5. 中国社会科学院考古研究所洛阳汉魏城工作队《北魏洛阳外郭城和水道的勘察》，《考古》1993 年第 7 期。

6. 中国社会科学院考古研究所洛阳汉魏城队《汉魏洛阳故城城垣试掘》，《考古学报》1998 年第 3 期。

7. 中国社会科学院考古研究所洛阳汉魏故城队《汉魏洛阳故城金墉城址发掘简报》，《考古》1999 年第 3 期。

8. 中国社会科学院考古研究所汉魏故城工作队《洛阳汉魏故城北垣一号马面的发掘》，《考古》1986 年第 8 期。

9. 中国社会科学院考古研究所洛阳汉魏故城工作队《汉魏洛阳故城建春门遗址的发掘》，《考古》1988 年第 9 期。

10. 冯承泽、杨鸿勋《洛阳汉魏故城圆形建筑遗址初探》，《考古》1990 年第 3 期。

11. 中国社会科学院考古研究所洛阳工作队《汉魏洛阳城南郊的灵台遗址》，《考古》1978 年第 1 期。

12. 中国社会科学院考古研究所编著《北魏洛阳永宁寺》，中国大百科全书出版社，1996 年版。

13. 中国科学院考古研究所洛阳工作队《汉魏洛阳城一号房址和出土的瓦文》，《考古》1973 年第 4 期。

14. 中国社会科学院考古研究所洛阳工作队《汉魏洛阳故城太学遗址新出土的汉石经残石》，《考古》1982 年第 4 期。

15. 中国社会科学院考古研究所洛阳汉魏城队《北魏洛阳城内出土的瓷器和釉陶器》，《考古》1991 年第 12 期。

16. 中国社会科学院考古研究所洛阳汉魏城队《汉魏洛阳城发现的东汉烧煤瓦窑遗址》，《考古》1997 年第 2 期。

17. 中国社会科学院考古研究所洛阳汉魏城队《汉魏洛阳城西东汉墓园遗址》，《考古学报》1993 年第 3 期。

18. 中国科学院考古研究所洛阳工作队《东汉洛阳城南郊的刑徒墓地》，《考古》1972 年第 4 期。

19. 中国社会科学院考古研究所洛阳汉魏城队《洛阳汉魏故城北魏外郭城内丛葬墓发掘》，《考古》1992 年第 1 期。

20. 王仲殊《中国古代都城概说》，《考古》1982 年第 7 期。

21. 宿白《北魏洛阳城和北邙陵墓——鲜卑遗迹辑录之三》，《文物》1978 年第 7 期。

22. 孟凡人《北魏洛阳外郭城形制初探》，《中国历史博物馆馆刊》1982 年第 4 期。

23. 骆子昕《汉魏洛阳城址考辨》，《中原文物》1988 年第 2 期。

24. 段鹏琦《汉魏洛阳故城的几个问题》，《中国考古学研究——夏鼐先生考古五十年纪念论文集》，文物出版社，1986 年版。

25. 王铎《北魏洛阳规划及其城史地位》，《河洛文化论丛》，河南大学出版社，1990 年版。

26. 钱国祥《汉魏洛阳故城圆形建筑遗址殿名考辨》，《中原文物》1998 年第 1 期。

27. 杨鸿勋《关于北魏洛阳永宁寺塔复原草图的说明》，《文物》1992 年第 9 期。

28. 钟晓青《北魏洛阳永宁寺塔复原探讨》，《文物》1998 年第 5 期。

29. 马衡《汉石经集存》，科学出版社，1957 年版。

30. 孙海波编《魏三字石经集录》，北平虎坊桥大业印刷局，1937 年版。

31. 许景元《新出熹平石经〈尚书〉残石考略》，《考古学报》1981 年第 2 期。

32. 范邦瑾《两块未见著录的〈熹平石经·诗〉残石的校释和缀接》，《文物》1986 年第 5 期。

33. 王竹林、许景元《洛阳近年出土的汉石经》，《中原文物》1988 年第 2 期。

34. 顾廷龙《"大晋龙兴皇帝三临辟雍皇太子又再莅之盛德隆熙之颂"跋》，《燕京学报》1931 年第 10 期。

35. 段鹏琦《洛阳平等寺碑与平等寺》，《考古》1990 年第 7 期。

36. 钱国祥《汉魏洛阳城出土瓦当的分期与研究》，《考古》1996 年第 10 期。

37. 张克《北魏"瓦削文字"考》，《文博》1989 年第 2 期。

38. 吴荣曾《汉刑徒砖志杂释》，《考古》1977 年第 3 期。

39. 段鹏琦《对汉魏洛阳城外郭城内丛葬墓地的一点看法》，《考古》1992 年第 1 期。

40. 段鹏琦《汉魏洛阳与自然河流的开发和利用》，《庆祝苏秉琦考古五十五年论文集》，文物出版社，1989 年版。

图书在版编目（CIP）数据

汉魏洛阳故城／段鹏琦著． －－北京： 文物出版社，
2009.4（2020.11重印）

（20世纪中国文物考古发现与研究丛书）

ISBN 978−7−5010−2161−1

Ⅰ.汉… Ⅱ.段… Ⅲ.汉魏洛阳故城−古城遗址（考古）
−研究　Ⅳ.K878.04

中国版本图书馆CIP数据核字（2007）第067031号

20世纪中国文物考古发现与研究丛书

汉魏洛阳故城

著　　者　段鹏琦

封面设计　张希广
责任印制　张道奇
责任编辑　王　戈
出版发行　文物出版社
社　　址　北京市东直门内北小街2号楼
网　　址　http：//www.wenwu.com
邮　　箱　web@wenwu.com
印　　刷　河北鹏润印刷有限公司
开　　本　850mm×1168mm　　1/32
印　　张　7.25　插页：1
版　　次　2009年4月第1版
印　　次　2020年11月第2次印刷
书　　号　ISBN 978−7−5010−2161−1
定　　价　40.00元